Als Olaf Kamrath im August 2004 bei einer groß angelegten Polizeirazzia festgenommen wird, ist er nicht mehr der kleine Junge des örtlichen Kneipenbesitzers, sondern der Kopf einer gut geölten Geldmaschine: Die »XY-Bande« versorgt alle zwischen Rostock und Berlin mit erstklassigem Stoff aus Amsterdam. Olaf, Kalle, Joschi und Franky sind vier Jugendfreunde, die mit dem Fall der Mauer die Chance zum großen Erfolg wittern und es wagen, sie zu ergreifen. Die ersten tausend Mark verdient Olaf mit den Würstchen aus seiner Imbissbude. Dann kommen Spielautomaten, ein Fitnesscenter und ein Puff dazu. Doch spätestens mit der Eröffnung der eigenen Großraumdisco beginnt für die Freunde eine neue Ära, denn jetzt steigen sie auch in das Drogengeschäft ein.

Frank Willmann hat in langen Gesprächen das Vertrauen aller Beteiligten gewonnen. Erstmals wird hier die ganze Geschichte erzählt. Unglaublich, aber wahr.

FRANK WILLMANN, geboren 1963 in Weimar, 1984 Ausreise nach Westberlin. Mit Anne Hahn veröffentlichte er mehrere Sachbücher, unter anderem: *Stadionpartisanen. Fans und Hooligans in der DDR* (2007) und *negativ-dekadent: Punk in der DDR* (2022). Er schreibt für diverse Zeitungen und Magazine, u. a. eine Kolumne im *Neuen Deutschland*, und ist Mitglied der Deutschen Akademie für Fußball-Kultur.

FRANK WILLMANN

DER **PATE** VON NEURUPPIN

VOM IMBISSWAGEN ZUM DROGENIMPERIUM

TROPEN SACHBUCH

Bis auf all jene, die selbst zur Wort kommen und die Geschichte aus ihrer Sicht schildern, also hauptsächlich die XY-Mitglieder und ihre Familien, wurden die Namen der vorkommenden Personen zum Zwecke der Anonymisierung geändert.

Tropen
www.tropen.de
J. G. Cotta'sche Buchhandlung Nachfolger GmbH
Rotebühlstraße 77, 70178 Stuttgart
Fragen zur Produktsicherheit: produktsicherheit@klett-cotta.de

© 2023, 2024 by J. G. Cotta'sche Buchhandlung Nachfolger GmbH, gegr. 1659, Stuttgart
Alle Rechte sowie die Nutzung des Werkes für Text und Data Mining i. S. v. § 44b UrhG vorbehalten
Cover: Zero-Media.net, München
unter Verwendung einer Illustration von © FinePic®, München
Gesetzt von C.H.Beck.Media.Solutions, Nördlingen
Gedruckt und gebunden von CPI – Clausen & Bosse, Leck
ISBN 978-3-608-50251-0
E-Book ISBN 978-3-608-11990-9

Zweite Auflage, 2025

Bibliografische Information der Deutschen Nationalbibliothek
Die Deutsche Nationalbibliothek verzeichnet diese Publikation in der Deutschen Nationalbibliografie; detaillierte bibliografische Daten sind im Internet über http://dnb.d-nb.de abrufbar.

Weil Klarheit schlechterdings die Höf-
lichkeit eines Schriftstellers ist, bleibe
ich so nah an der Wahrheit, wie das
möglich ist, wenn man eine Geschichte
aus der Sicht der Beteiligten erzählt.

FRANK WILLMANN

INHALT

18. AUGUST 2004

OLAF KAMRATH • Um sechs Uhr klingelte es Sturm. Ich lief runter und schaute durch den Spion nach draußen. Hinter der Haustür stauten sich die Menschen. Bullen, Staatsanwälte, zwei Männer mit einer Filmkamera. Der 18. August, ein Datum, das ich nie vergessen werde und das auch die meisten Neuruppiner bis heute nicht vergessen haben.

Ich schluckte und öffnete die Tür. Die Polizisten waren freundlich und zuvorkommend, keine Handschellen, niemand riss mich zu Boden. Ich hielt mich bis um halb zwei in unserer Wohnung auf. So lange dauerte die Durchsuchung. Mein Vater brachte mir belegte Brötchen vorbei. Schließlich wurde der Haftbefehl vollstreckt, und man führte mich dem Haftrichter vor. Meine Frau Conny weinte, sie hatte unseren Kleinen auf dem Arm, beide wurden an diesem Tag aus meinem Leben genommen.

Kokainhandel, illegales Glücksspiel, Erpressung, Betreiben eines Bordells und Gründung sowie Mitgliedschaft in einer kriminellen Vereinigung lautete die Anklage. Ein ungeklärter Mord stand auch noch im Raum.

Ein Bulle meinte: »Kann eine Weile dauern, bis Sie wieder rauskommen. Sie können sofort eine Aussage machen. Wer als Erster aussagt, kommt später besser weg, den Letzten beißen die Hunde. Ich kenne Sie genau, ich habe Tausende Telefonate von Ihnen abgehört.«

»Und, war ich Ihnen sympathisch?«

»Ja, schon.«

»Ich habe nichts zu sagen.«

Meine Mutter holte unseren Sohn ab. Der Kleine winkte mir zu, bevor Mutter mit ihm verschwand. Dieses Bild vergaß ich nie. Es verfolgte mich die ganze Haftzeit über. Neun lange Jahre.

FAST ZWANZIG JAHRE SPÄTER

FRANK WILLMANN • Regionalbahn, Brandenburg zieht vorbei: Rehe, Kraniche und Hasen bevölkern die Felder, im Gehölz lauert der schlaue Fuchs, jederzeit bereit, seine Zähne in den Körper eines vorwitzigen Beutetiers zu versenken. Ich werde Olaf Kamrath treffen, den sogenannten Paten von Neuruppin, Boss eines der größten Drogenimperien der Nachwendezeit, der XY-Bande, benannt nach ihrem zeitweiligen Markenzeichen, der Buchstabenfolge OPR-XY auf den Nummernschildern ihrer hochwertigen schwarzen Pkw. Noch zwei Minuten, links zeigt sich ein See, in der Ferne schimmert das Dach einer Kirche. Ich bin angespannt. Noch einmal nehme ich die alten Zeitungen heraus und überfliege die grellen Schlagzeilen:

»Brandenburger Mafia-Netzwerk« (*Bild*), »Die XY-Bande von Neuruppin – eine Stadt im Würgegriff von Kriminellen« (*RBB*), »Drogenhandel, Glücksspiel, Geldwäsche, Korruption: Wie sich eine kriminelle Vereinigung unter den Augen der Honoratioren in einer Stadt ausbreitete. Ort der Handlung: nicht Palermo, sondern Neuruppin« (*Stern*), »Brandenburg-Mafia. XY-Bande muss hinter Gitter« (*Spiegel*), »Ein Imperium vor Gericht« (*MOZ*).

Die XY-Bande versorgte von Ende der 1990er bis 2004 die Gegend und besonders Berlin mit Kokain. Die Mitglieder zeigten sich gern stilsicher und hielten sich für unantastbar. Das Geschäft flutschte, und der Traum vom schnellen Reichtum wurde für die Brandenburger aus ehrbaren Familien Realität. Bis die Staatsanwaltschaft zuschlug. Im darauffolgenden Prozess, der sich über zweieinhalb Jahre hinzog, wurden alle Register gezogen, um die XY-Bande als kriminelle Vereinigung zu verurteilen. Es wurde der erste große Prozess gegen die organisierte Kriminalität auf dem Gebiet der ehemaligen DDR. Die Brandenburger wurden zu regelrechten Mafiastars, deren Taten von den Medien besungen wurden.

Und den Boss, den Paten von Neuruppin, werde ich also nun treffen.

Neuruppin ist ein idyllisches Städtchen am Ruppiner See, ein Rentner- und Wellnessparadies. Neuruppin hat sich herausgeputzt, die bröckelnden Fassaden der Bürgerhäuser sind restauriert, die Gehwege sauber gepflastert, der Schmutz der Nachwendejahre vergessen und mit ihm die krassen Storys dieser Zeit. Worte wie »Märkisches Palermo«, »Klein Palermo« oder »Korrupin« kennen alle hier. Dass der Neuruppiner Stadtverordnete Reinhard S. 2007 die bislang einzige rechtskräftige Verurteilung eines Mandatsträgers in Deutschland wegen Bestechung erleben durfte, steht im Zusammenhang mit dem Prozess gegen die XY-Bande. Adolf Hitler war bis Ende 2004 Ehrenbürger der Stadt, auch das kam erst durch journalistische Recherchen im Umfeld der Verhandlungen ans Licht und wurde dann korrigiert.

Heute trägt Neuruppin den unverdächtigen Beinamen Fontanestadt und wäre gern die preußischste aller preußischen Städte. Nachdem die Stadt 1787 bei einem Brand zerstört wurde, baute man sie dank gut gefüllter Feuerkasse und der Unterstützung durch den preußischen Staat general-stabsmäßig wieder auf. Es entstand ein rechtwinkliges Netz von Straßen mit zweigeschossigen Häusern, meist in klassizistischem Stil.

Nach dem Zweiten Weltkrieg war Neuruppin Garnisonsstadt. Es lebten mehr sowjetische Soldaten als Zivilisten in der Stadt. Die ungeliebten »Russen« prägten den Ort. In den 1950ern siedelte sich Industrie an, 1970 wurden die Elektro-Physikalischen Werke, der größte Leiterplattenhersteller der DDR, gegründet. Neuruppin war eine sozialistische Kleinstadt mit eigenem Plattenbaugebiet. Der Feuerlöscher Marke Minimax war ein Neuruppiner Exportschlager in ganz Osteuropa. Derweil verfiel die Altstadt, die DDR-Wohnungsbaupolitik konzentrierte sich lieber auf kostengünstige Neubauviertel.

Weil die Industrie sich in Seenähe ansiedelte, flossen die Abwässer direkt in den See, wo sie sich mit den Fäkalien der Stadt und dem Unrat der sowjetischen Besatzer vereinten. Noch heute gelten Teile des Bodens als massiv verseucht, bei Grundstückserschließungen in Seenähe muss er metertief abgetragen werden. Und obwohl das Wasser inzwischen sauber ist und die Fische keine drei Köpfe mehr haben, gibt es einige Neuruppiner, die das Schwimmen im See vermeiden.

Am Bahnhof empfängt mich ein lächelnder, sehr schlanker und elegant gekleideter Mann um die fünfzig: Olaf Kamrath. Auf seiner Glatze spiegelt sich die Herbstsonne. Zusammen werden wir die Tatorte besichtigen: Frankys Bar, den Puff, die Disco, das Hauptquartier in der Schäferstraße, das Hohe Gericht. Ich will hinter die Fassade blicken – dieser Stadt und dieses Mannes. Ich will die Beteiligten selbst zu Wort kommen lassen, um zu verstehen, was sie getrieben hat, sich so tief ins Verbrechen zu stürzen, und wie es ihnen gelungen ist. Ihre Geschichte soll aber auch die Wirkung des Geldes im Osten nachzeichnen, in den klammen Jahren der Nachwendezeit, als viele ihren Job verloren, Familien zerfielen, während Leute aus dem Westen ankamen und in Besitz nahmen, was in Besitz zu nehmen ging. Berühmt ist der Vorfall, wie der Wandlitzsee Anfang der Nullerjahre für ein paar Taler von einem Investor gekauft wurde, der die Anlieger daraufhin zwingen wollte, Aktien zu erwerben, um den See nutzen zu dürfen. Letztendlich ist die Wirkung von Kokain und Geld gar nicht so verschieden: Wer es hat, ist wach und selbstbewusst. Wer es hat, lässt die anderen nach seiner Pfeife tanzen.

»Wir wollten reich werden wie die Jungs im Westen«, sagt Olaf Kamrath. »Geld haben, weil Geld glücklich macht. Wir wollten den großen Larry machen.«

Vier Brandenburger Jungs, aus ganz unterschiedlichem Hause, die erst mit legalen, später mit illegalen Mitteln ans große Geld kommen und wichtige Schaltstellen der Stadt unterwandern: die Polizei, die lokale CDU, den Fußballverein, das Grundstücksamt, das Gewerbeaufsichtsamt.

Es ist eine klassische Geschichte. Von kometenhaftem Aufstieg und tiefem Fall. Eine Geschichte des Ostens. Vieles von dem Gruseligen, das hier nach der Wende stattfand, findet sich in ihr wieder, weil die Bande einen der ersten Plätze im illegalen Run um das schnell verdiente Geld einnahm. Es wäre leicht zu moralisieren, aber das würde den Blick verstellen. Man muss die ganze Geschichte kennen: die alles andere als einfache Jugend in der DDR, die Anarchie nach dem Mauerfall, das erste Geld mit der Imbissbude, die Ausweitung des Geschäfts auf Spielautomaten, Fitnesscenter,

Disco und Puff, schließlich der Kokshandel im großen Stil, der dann jäh beendet wurde von einer Razzia und einem Gerichtsprozess, der in ganz Deutschland verfolgt und kommentiert wurde. Das alles erst ergibt ein vollständiges Bild: ein Sittengemälde des ländlichen Ostens, ein Protokoll der Verwerfungen der Nachwendezeit, eine Untersuchung des Scheiterns der Autoritäten.

Damit sie mir vertrauten, musste auch ich den Protagonisten mein Vertrauen schenken. Klar, dass sie die Geschichte auf ihre Weise erinnern und berichten. Diese Version habe ich anhand von Gerichtsakten, Artikeln, Reportagen und den Protokollen eines verdeckten Ermittlers überprüft.

Hin und wieder kam es vor, dass sich die Protagonisten widersprachen, dass sie bestimmte Geschehnisse unterschiedlich erzählten. Auf diese Ungereimtheiten sprach ich sie an. Doch wenn mein Gegenüber der Meinung war, dass das, was er mir erzählte, die Wahrheit sei, akzeptierte ich das.

Den größten Teil erleben wir aus der Perspektive von Olaf Kamrath, die anderen Hauptfiguren sind die drei Gangmitglieder Franky, Joschi und Kalle. Dazu der erweiterte Kreis: Ralle, Ecki, Conny und Gerlinde, die als Olafs Frau, Olafs Mutter, Maskottchen, Investor, Koksmischer, Dealer, Geschäftsmann, Kurierfahrer und Bespaßer eine Rolle spielten. Gemeinsam nehmen sie uns mit auf eine Zeitreise in den wilden, wilden Osten, als Geld alles bedeutete und so wirkte wie Kokain: Nichts schien unmöglich.

DIE ERSTEN TAUSEND

OLAF KAMRATH • Eigentlich ging es direkt mit dem Mauerfall so richtig los. Im Herbst 1989 durfte man nicht mehr ins sozialistische Ausland reisen, alles war zu. Doch dann tat sich Mitte Oktober in der ČSSR plötzlich ein Türchen auf. Das war für mich das Signal zum Aufbruch. Am Abend feierte ich mit Freunden in Gnewikow in einer Dorfdisco meinen Abschied. Am nächsten Tag zu meinen Eltern und der Oma, alle heulten, umarmten mich und wünschten mir viel Glück.

Ein Kumpel wartete spontan am nächsten Morgen bei der Notenbank auf mich. Ich hatte meine Kraxel mit allen wichtigen Dingen vollgepackt. Er stand im Jeansanzug vor der Bank und sagte: »Ich komme mit!« Kein Geld, keine Klamotten, nur er und sein Jeansanzug. Ich hatte dreihundert Westmark und viel DDR-Geld dabei. Wir fuhren nach Berlin, nahmen noch eine Demo mit und stiegen am Nachmittag in den Zug nach Prag. Es herrschte eine merkwürdige Stimmung, jeder Zweite ein potenzieller Flüchtling, alle schauten misstrauisch. Aber die Fahrt verlief glatt.

Kaum in Prag angekommen, kamen die ersten Tschechen auf uns zu: »Botschaft? Ihr zur Botschaft?«

»Nein, nein, wieso? Wie kommt ihr darauf?«

Wir hatten Angst, von der ostdeutschen oder der tschechischen Stasi abgegriffen zu werden. War aber nicht so. Wir sind dann mit einem Taxi zur BRD-Botschaft gefahren – die Pforte stand offen, wir sind reingestürzt und waren auf sicherem Boden.

Später ließen die Tschechen keinen mehr durch, doch die Flüchtlinge kletterten einfach über den Zaun. Die Botschaft platzte aus allen Nähten. Wir fanden einen Platz im Treppenhaus, wo wir uns ausruhen konnten. Decken und Tee wurden verteilt, es gab für jeden etwas zu essen, die Leute waren nett. Nach zwei Tagen wurden wir mit Bussen abgeholt und zum Bahnhof gebracht. Und dann geschah das unendlich Geile: Wir überquerten die Grenze.

Als wir die ersten bayerischen Bahnhöfe passierten, wurden wir von einer jubelnden Menschenmenge begrüßt. Es war die Phase, wo die DDR-Bürger noch willkommen geheißen wurden. Alte Omis steckten uns während des kurzen Halts vom Bahnsteig aus Schokolade und Blumen zu. Die Leute fragten uns: »Was habt ihr vor, wo wollt ihr hin?«

»Uns egal. Wir wollen dahin, wo es Arbeit gibt.«

»Dann fahrt mal nach Bamberg. Dort gibt es viel Arbeit.«

»Bamberg? Okay, alles klar.«

Als wir im Aufnahmelager ankamen, erledigten wir fix den Papierkram und meldeten uns ein paar Tage später beim Arbeitsamt in Nürnberg. Als Begrüßungsgeld erhielten wir einen Hunderter und etwas Geld vom Amt. Zu meinen Verwandten wollte ich nicht als Bittsteller, ich hatte sie bereits angerufen und am Telefon gemerkt, dass sie Angst vorm mittellosen Ossi hatten, den man womöglich durchfüttern musste. Sie luden uns nicht ein, sondern sagten: »Ja, ach so, ihr seid da. Ist gut, macht euch das mal schön.«

Mein Kumpel war Dachdecker, ich Blitzschutzmonteur.

In Schweinfurt wurde ich gleich beim ersten Anruf fündig. »Ja mei, bei uns könnt ihr anständig Geld verdienen.«

Später kam etwas in der lokalen Zeitung über uns, die ersten beiden Ossis im Ort, mit Foto. Sie kamen nicht, um dem Sozialstaat auf der Tasche zu liegen, sie kamen, um zu arbeiten, ihr Brot mit den eigenen Händen zu verdienen, den Traum von Freiheit und Wohlstand zu verwirklichen ...

Die Firma stellte uns einen kleinen Mitsubishi-Bus, damit sind wir von Knetzgau nach Schweinfurt zur Arbeit gefahren. In Knetzgau lebten wir in einem Doppelzimmer im Gasthof Mainhof. War schön, der Wirt, ein ehemaliger Polizist, schmiss den Laden mit Frau und Töchtern. Als wir ankamen, spendeten sie uns bergeweise Klamotten, und mein Kumpel konnte endlich seine Hose wechseln.

Wir haben rund um die Uhr gearbeitet und Geld verdient, doch das Heimweh war groß. Wir düsten am Wochenende häufig nach Neuruppin, um unsere Freunde und die Familie zu sehen. Für mich war klar, ich gehe nach Neuruppin zurück und helfe beim Aufbau der blühenden Landschaften, die Kohl uns zur Wahl 1990 versprach und damit den Erdrutschsieg der CDU im Osten klarmachte. Die CDU gelobte das Blaue vom Himmel, diese Partei musste ich mir merken.

Ich war wegen der politischen und wirtschaftlichen Einschränkungen aus der DDR abgehauen. Als es die nicht mehr gab, sah ich keinen Grund, noch länger in Bayern zu bleiben. Der Kapitalismus hatte gesiegt, und ich wollte einer der Ersten sein, die in Neuruppin etwas aufbauen, also fragte ich in meinem bayerischen Umfeld: »Was würdet ihr für ein Geschäft im Osten eröffnen? Womit verdient man am schnellsten viel Geld?« Ein Kollege zählte drei Punkte auf.

Und was er sagte, veränderte alles, denn ich würde mich mein Leben lang daran halten: Automaten, Immobilien, Gastronomie.

Ich dachte, okay, was kostet so ein Automat? 6000 D-Mark. Boah. Immobilien? Vergiss es. Gastronomie? Eine Imbissbude, das wäre doch was. Vater Kneipe, Sohn Imbiss.

Zu der Zeit verkaufte in Hannover jemand einen komplett eingerichteten Imbisswagen für 12000 D-Mark. Scheiße, 12000 D-Mark, woher nehmen? Da meinte ein bayerischer Arbeitskollege, er bürge für mich bei der Sparkasse Knetzgau, ich solle mir das Teil holen. Nach einem Monat zahlte ich bereits das ganze Geld zurück.

Zwei Wochen vor der Währungsunion am 1. Juli 1990 war ich wieder Neuruppiner, die Genehmigung lief reibungslos, und einen Tag vor der Währungsunion eröffneten wir unseren Imbisswagen auf dem Marktplatz. Ich holte meinen Kumpel Joschi mit an Bord, damit der Wagen in Doppelschichten laufen konnte. Am Vortag fuhren wir zur Metro nach Westberlin und packten die Autos voll mit Wurstwaren, Pommes, Süßkram, Zigaretten, Überraschungseiern, Getränken.

In Vaters Kneipe brieten wir morgens um sechs die Buletten an, dann legten wir los. Wir dachten, hoffentlich kommt überhaupt jemand. Doch dann machten wir die Luke auf, und sofort rannten sie uns die Bude ein. Um zwei waren wir ausverkauft. Also gleich wieder los zur Metro und weiter. So haben wir von Anfang an ordentlich Umsatz gemacht. Pro Tag fünfhundert D-Mark Gewinn.

Wir waren günstig, ein zweiter Imbisswagen um die Ecke wurde von uns unterboten. Die lokale Presse feierte uns als schlaue Jungunternehmer. Unsere Philosophie lautete: auf alles im Einkauf hundert Prozent. Ein Paar Wiener 1,50, ein Hamburger 2,80. Humane Preise. Große Büchsenbierdosen für zwei D-Mark. Wir waren die Ersten, die das legendäre Büchsenbier verkauften. Die Läden in Neuruppin waren noch voller DDR-Waren, die keiner mehr wollte, alle waren über Nacht dank der D-Mark zu Westlern geworden, was sollte man da noch mit dem ollen DDR-Zeug?

Zu Imbisszeiten hatte ich zur Sicherheit im Flur eine Schrotflinte stehen, irgendwo gekauft. Munition war kein Problem, die Russen hatten bei ihrem Abzug viel verscheuert, später gab es über unsere Jugos eine Waffenschwemme, Bürgerkriegskram vom Balkan.

Unser Imbiss hatte bis Mitternacht auf. Und dann wieder ab acht Uhr. Wir machten richtig Kohle und haben den Gewinn frühzeitig in Spielautomaten investiert. Die stellten wir in Kneipen auf und ließen das Automatengeschäft parallel wachsen. Jeder im Osten wollte schnell an richtig viel D-Mark kommen, wir versuchten es mit Glücksspiel. Pro Tag fünfhundert D-Mark Gewinn am Imbiss, mit einem alten Wartburg als Firmenwagen fingen wir an. Nach kurzer Zeit kauften wir einen kleinen VW-Bus 68er-Baujahr. Schnell fuhr dessen Motor fest, nach der Wende schwappte allerhand Schrott des Westens in den Osten, nicht nur im Automobilbereich.

Komisch war, die Neuruppiner aßen nach wie vor am liebsten die bekannten Produkte wie Hackeklops oder Bockwurst. Sie tasteten sich nur langsam an den Westkram ran, der Neuruppiner war forschend. Unsere Hamburger Marke Eigenkreation waren aus richtig Fleisch vom Fleischer. In der Mikrowelle warmgemacht, Ketchup und Zwiebeln drauf, fertig – bloß nicht zu viel Gemüse, lieber mehr Fleisch!

In den nächsten Monaten sind überall Imbisse entstanden. Man bekam im Sommer 1990 keinen Imbisswagen mehr zu kaufen, weil so viele auf dem Trip waren. Wir dagegen hatten unser Augenmerk auf Automaten gerichtet, weil damit mit weniger Aufwand gutes Geld zu verdienen war. Automat kaufen, Automat aufstellen, Strom einschalten, jeden Tag zum Abkassieren kommen.

Wir lebten sehr sparsam. Aus Bayern hatte ich mir einen uralten Audi 80 mitgebracht, das war mein einziger Luxus. 1990, nachdem ich zum Urlauben nach Griechenland geflogen bin, konnte ich den Audi wegschmeißen, ein Kumpel hatte ihn sich ausgeliehen.

Ich sagte: »Mann, ist ja an der Seite alles aufgerissen.«

»Ja, weiß ich auch nicht, wie das passiert ist.«

Er war betrunken gefahren. Eine Baustelle stand im Weg, reingefahren, bumm! Das Ding war hin. Also haben wir einen alten Wartburg gekauft. Am Geburtstag von Joschi wollten wir schön rausfahren zum Zippelsförder Jägerhof. Joschi kriegte die Kurve nicht, und der Wartburg überschlug sich ein paarmal. Wir blieben auf dem Dach im Graben liegen. Flink die Scheiben runtergekurbelt und rausgekrochen. Unsere damaligen Freundinnen kreischten, wir klopften den Staub ab und lachten uns halbtot, weil wir unbeschadet überlebt hatten. Sage nie etwas gegen einen Wartburg aus Eisenach!

Diese ersten Jahre waren Wildwestzeit. Aber wir machten auch Fehler. Als 1991 die erste Steuerprüfung anstand, ließen wir Federn. Wir hatten die Automaten bar bezahlt, frei nach der alten DDR-Devise, nur Bares ist Wahres. War ein Fehler, weil wir die Automaten so nicht abschreiben konnten. Wir hätten sie von einer Bank finanzieren lassen müssen, um sie nach und nach abzuschreiben. Wenn du auf einmal bezahlst, zählt der nicht als Ausgabe und wird nicht voll gegengerechnet. Die Tücken des Kapitalismus mussten wir noch verinnerlichen. Viele hoffnungsfrohe ostdeutsche Neukapitalisten sind sehr schnell bankrottgegangen, weil sie die Regeln nicht kannten. Es war aber auch verzwickt. So ein Automat schreibt sich über zehn Jahre ab. Du konntest also jedes Jahr sechshundert Mark Abschreibekosten geltend machen, durftest aber von zehn Automaten nicht 60 000 abschreiben, sondern gerade mal 6000. Auf diese Summe hat man dann Steuern gezahlt. Obwohl du das Geld nicht hast, weil du ja bar bezahlt hast. Diese Denkweise musste ich erst mal begreifen. Dadurch dauerte es mit dem Reichwerden etwas länger. Für unseren Geschmack zu lange.

Ende 1990 besaßen wir Flipperautomaten, Billardtische, Kickerautomaten und Geldspielautomaten. Es lief gut, aber manchmal hatten wir mit unerklärlichen Gewinneinbrüchen zu kämpfen, oder ein Automat gab den Geist auf. Manipuliert wurde von uns nichts. Die Gewinne teilten wir mit den Wirten, das lief anfangs gut, ohne unnötige Rechnungen. Die Vergnügungssteuer, die wir pro Automaten an die Stadt zahlten, zogen wir vorher ab. Die ersten Zählwerke waren noch ungenau, es fiel immer Geld ab. In Billardtischen waren gar keine Zählwerke, hat auch keiner kontrolliert. Du hast ein bisschen was aufgeschrieben, und die Steuer war zufrieden.

Im nächsten Schritt wollte ich eine eigene Spielothek aufmachen, ließ mich aber überreden, es zuerst mit einem Fitnessstudio zu versuchen. Wir eröffneten es 1992, der Bodykult war im Osten angekommen, alle wollten nun reich werden und dabei gut aussehen.

Den Imbisswagen haben wir verpachtet und später für 6000 verkauft. Wir rochen nicht mehr wie eine wandelnde Fritteuse, sondern eroberten die Herzen mit ausgewähltem Parfüm. Unsere Steuererklärungen waren nach wie vor etwas unorthodox. Vom Bargeld hatten wir uns auch etwas spät verabschiedet. Inzwischen waren andere Glücksritter in der Stadt eingetroffen und schnappten uns ein paar Deals weg, die erste Spielothek in Neuruppin war nicht unsere. Dafür nannten wir uns stolz Fitnessbudenbetreiber und machten beide einen Trainerschein.

Das Studio lief gut, die Presse war wohlwollend, wieder waren die beiden erfolgreichen Neuruppiner Unternehmer Olli und Joschi auf dem Titelblatt. Leider schien das Studio etwas zu klein geraten. Die Automaten liefen, und Fitnesstrainer wollten wir nach ein paar Monaten nicht mehr sein. Hätten wir uns sparen können.

Aber warum machen wir eigentlich keine Disco auf? Das könnte richtig gutes Geld bringen!

Inzwischen war mein alter Kumpel Kalle in Neuruppin aufgetaucht. Ich hatte seinerzeit mit ihm bei der Reichsbahn gelernt, nun sollte er in unserem Neuruppiner Kosmos eine Rolle spielen. Er kaufte uns das Fitnessstudio ab.

Ich lebte mit meiner Freundin in stabilen Verhältnissen, war aber nachts viel allein unterwegs. Am Wochenende Party, viel Alkohol, aber ich habe versucht, immer gesund zu leben, habe Fußball gespielt, Fitness gemacht. Wir waren noch brave, gesittete Typen, Marke Unternehmer des Jahres. Mit normalen Familien. Dann kam unsere Disco und stellte mein Leben völlig auf den Kopf. Joschi und ich schnabulierten zum ersten Mal Drogen. Ein Erweckungserlebnis. Von da an drehte sich unsere Welt noch ein paar Umdrehungen schneller. Aber wie weit das gehen würde, das ahnte damals, glaube ich, keiner von uns.

Und ich glaube, man muss wissen, woher wir kamen, um zu verstehen, was die ganze Kohle, das ganze Koks für uns halbstarke Ossijungs bedeutete.

JOSCHI • Olli suchte einen zweiten Betreiber für den Imbisswagen, und ich sagte sofort ja. Seine Bedingung: gut im Kopfrechnen und arbeitswillig. Olli hat das Unternehmer-Gen in sich. Er ist zielstrebig, hat Mut und investiert viel für eine geschäftliche Idee. Ich hatte zu diesem Zeitpunkt nichts.

Am ersten Tag als Imbissbudenbetreiber verkauften wir zehn Kisten Pommes, Unmengen an Würsten und massenhaft Getränke. Es gab noch einen zweiten Imbisswagen, aber bei uns war die Schlange länger. Weil der Mensch dazu neigt, sich dort anzustellen, wo es schon voll ist, konnten wir den Andrang kaum bewältigen. Im Nachgang ist uns mit dem Imbisswagen die Steuer auf die Füße gefallen. Wir hatten mit der Metro-Karte meines Vaters eingekauft, unsere Rechnungen wurden vom Finanzamt nicht anerkannt. Lehrgeld zahlte jeder in der Anfangszeit. Nach ein paar Monaten beruhigte sich die Lage, und uns wurde klar, mit einem Imbisswagen wird man nicht reich. Olli hielt Ausschau nach weiteren Einnahmequellen. Wenn wir abends unsere Kittel auszogen und im Pommesduft zur Disco gingen, checkte Olli die Möglichkeiten, die uns der Kapitalismus bot. Relativ schnell kam er aufs Spielautomatenbusiness. Das wäre aber fast schiefgegangen. Wir fuhren nach Berlin zu einem Automatenhändler. Ich hatte 12 000 bis 13 000 D-Mark in einer Bauchtasche dabei, unsere gesamten Rücklagen der ersten Monate. Kurz vor Berlin kündigten wir uns beim Automatenhändler an. Ich nahm unser Geld mit in die Telefonzelle, ja nicht diese Menge im Auto liegenlassen. Wir fuhren weiter zur Metro, packten die Körbe voll und wollten zahlen. Scheiße! Wo ist die Kohle? In der Telefonzelle! Beim Fundbüro anrufen? Bist du bescheuert, das gibt doch keiner ab. Wer ist denn so blöde!

Panisch fuhren wir zurück zur Telefonzelle. Damals waren die wenigen Telefonzellen in der Ex-DDR permanent übervoll. Auch vor unserer war eine Schlange. Wir stürmten rein. Nichts. Das Telefonbuch! Und tatsächlich, darunter lag die Bauchtasche. Was für ein Glück, fast wären wir kurz vor dem Ziel an einer Unachtsamkeit gescheitert.

Später gründeten wir mit Ralle unsere Firma KDS und kauften immer mehr Automaten. Ralle stieg zwar mit einer Summe ein, doch für richtige Investitionen fehlte uns immer noch das Geld. Unsere ersten Automaten waren Geldspieler, Dart- und Billardautomaten. Den Imbisswagen verkauften wir und machten ein kleines Fitnessstudio auf, das ein paar Jährchen später wiederum Kalle übernahm.

RALLE • Im Dezember 1990 übernahm ich eine Videothek auf einem Dorf in der Nähe von Neuruppin. 20 000 D-Mark hatten Videos und Inventar gekostet, das konnte ich relativ schnell aus den Einnahmen zurückzahlen. Meinen Lada hatte ich mit Ach und Krach im Frühjahr 1989 für 14 000 Ostmark verkauft, ein paar Monate später war er nur noch ein paar Hundert Westmark wert.

Viele hatten 1990 Angst vor der Währungsunion, davor, dass ihr DDR-Geld nichts mehr wert wäre. Ich hab nicht so gedacht, selbst bei der Halbierung wären es noch immer 7000 D-Mark – ein nettes Startgeld für die Marktwirtschaft.

Die ersten Jahre hatte ich mit der Videothek mein Auskommen, dann sind die Einnahmen etwas abgeflacht. Es kam die Idee auf, eine Kneipe anzubauen. Irgendwann wurde in die Videothek eingebrochen, und fast alle sechshundert Videos wurden geklaut. Versichert war ich nicht, meine erste Fastpleite. Der Kapitalismus kann tückisch sein, wenn andere dir ans Leder gehen.

Olli war ab Herbst 1989 fast ein Jahr weg, kurz vor der Währungsunion kam er mit tausend Plänen zurück. Irgendwann hieß es, wenn er wiederkommt, wollen wir was zusammen machen. Bei seinem Imbissbusiness hat er mich nicht gefragt. Ich hatte ja meine Videothek.

Um 1991 sprach er mich an, ob ich in meiner Kneipe Automaten haben wolle. »Aus dem Gewinn machen wir Hälfte-Hälfte.« Gewinn hörte sich gut für mich an.

Meine Kundschaft hat fortan regelmäßig an ihren Automaten gespielt, und als wir die erste Leerung zelebrierten, kippte Olli die Geldkassette auf einem Marmortisch aus. Alles voller Fünf-Mark-Stücke, insgesamt über 3000 Mark. Wir waren überrascht und begeistert. Ich dachte, boah, Alter, das ist ja ein geiles Geschäft, das sind Helmut Kohls blühende Landschaften, juhu!

Dann wollten Olli und Joschi ein Fitnesscenter eröffnen. Kann sein, dass sie da vielleicht finanziell ein bisschen knapp waren, also fragten sie mich: »Hey, wollen wir uns nicht im Automatengeschäft zusammenschließen?« Zu dem Zeitpunkt hatten sie ein paar Automatenstellplätze über die Dörfer verteilt. Die liefen okay, also war es für mich eine sichere Nummer, und ich habe investiert. 20 000. Wir schlossen uns zur KDS Automaten OHG zusammen. Große Pläne, herrliche Aussichten.

KALLE • Olli und ich kennen uns von der Arbeit bei der Reichsbahn. Wir haben uns auf Anhieb gut verstanden und hatten viel Spaß. Nach der Lehre bin ich 1987 nach Schwerin zurück, Olli nach Neuruppin. Aus den Augen, aus dem Sinn. Ich habe mich zur Elektrifizierung delegieren lassen. Die Streckenelektrifizierung war ein Prestigeprojekt der FDJ der deutschen Reichsbahn. Um Dieselkraftstoff zu sparen. Als Olli 1990 mit dem Imbisswagen in Neuruppin eingeritten ist, erfuhr ich das über einen Bekannten. »Mensch, Kamrath hat einen Imbisswagen in Neuruppin, da müssen wir hin!« War seinerzeit was ganz Dolles. Alle wollten D-Mark verdienen, doch kaum jemand hatte einen Plan, wie man an sie rankam. Olli hatte einen. Ihn zogen Geschäftsideen geradezu magisch an. Er schaute nach links und rechts: Wie machten die Leute das im Westen? Welche Idee kann man übernehmen und auf die Verhältnisse im Osten abstimmen? Wo gab es Potenzial für den ganz großen Wurf? Ich besuchte ihn, seitdem hielten wir den Kontakt, trafen uns zur Disco, und ich übernachtete bei ihm. Ollis Pläne interessierten mich. Er wollte das große Geld, und ich wollte es auch.

1994 hörte ich bei der Reichsbahn auf und bekam eine übervertragliche Abfindung von 30 000 D-Mark, weil die Reichsbahn im Zuge der Fusion mit der Deutschen Bahn Personal abbauen musste.

FRANKY • Ich bin schon früh mit dem Gesetz in Konflikt gekommen, aber Drogen habe ich eigentlich immer gehasst. Dann saß ich irgendwann bei Olli in der Wohnung, Kalle war auch dabei. Plötzlich machte Olli den Kühlschrank auf, holte ein weißes Päckchen heraus und packte es auf den Tisch.

»Was ist das?«, fragte ich.

Er lachte und sagte: »Das ist Koks. Aus Amsterdam, direkt vom Erzeuger.«

»Mach keinen Scheiß, damit will ich nichts zu tun haben!«

Aber dann erzählte er mir von den unfassbaren Umsatzmöglichkeiten für das bisschen scheiß Pulver. Man kaufte ein Kilo, machte zwei draus, und zack bist du bei einer Gewinnspanne von hundert Prozent. Ich hatte immer angenommen, Drogen wären was für Obdachlose und Penner. Die Wirklichkeit sah anders aus, der Endverbraucher war im Showgeschäft, in der Politik, der Wirtschaft und im Kulturbereich zu finden. Überall dort, wo Geld war. In meinem Kopf ratterte der Abakus. War klar, das lohnte sich, konnte ich mir ja mal angucken. Dann fuhr ich mit Olli nach Amsterdam. Und, tja, das war der Beginn einer ziemlich irren Reise.

Das hätte ich mir als kleiner DDR-Junge nicht mal in meinen kühnsten Träumen ausmalen können.

1989 war ich jung, mir stand die Welt offen, das war ein geiles Gefühl. Schon seit Mitte der 1980er wollte ich raus aus der DDR. Ich hasste die DDR, weil ich aus politischen Gründen als Jugendlicher in den Knast gesteckt wurde. Nach der Wende bin ich dann zurück, weil ich durch und durch Brandenburger bin. Brandenburger, nicht Ossi.

Ich baute auf dem Campingplatz eine Kneipe aus und wollte einen Dartautomaten. Da kam Olli ins Spiel, der seinerzeit Automaten aufstellte. Wir trafen uns und wollten gemeinsam nach Hongkong fliegen, um dort eine Spielzeugmesse zu besuchen, aber letztlich flog er mit Ralle hin. Ich hatte die Hongkongidee ins Leben gerufen und war ein bisschen angepisst, als die zwei ohne mich flogen. Jedenfalls hat Olli mir einen Dartautomaten zum Campingplatz gebracht, und der ist dann ganz gut gelaufen.

GERLINDE • Nach der Wende waren neue Läden im Angebot. Mein Sohn Olli kochte in unserer Kneipe, der Tonne, sein Essen für die Imbissbude vor. Ein bisschen Geld brachte die Tonne noch, bis ein Investor aus Berlin kam und ihr ein Ende setzte. Mein Mann wurde arbeitslos.

Wir hatten große Hoffnungen in die politische Wende gesetzt, aber spätestens Mitte der 90er-Jahre verloren viele Menschen in Neuruppin ihre Arbeit und fürchteten um ihre Existenz. Mein Mann übernahm das Kulturhaus, unser ältester Sohn kochte dort, das lief ein paar Jahre gut, bis die Leute andere Gaststätten favorisierten. Ich selbst arbeitete bis 1997 im Kindergarten, danach im Frauen- und Familienzentrum.

Olli und seine Jungs wollten ein Stück vom Kuchen abhaben, ein größeres Stück, als sie es mit ehrlicher Arbeit bekommen hätten. Er hielt sein kriminelles Leben so gut es ging von uns fern, wir wussten weder vom Puff noch vom Drogenhandel. Vielleicht hätten wir es ahnen müssen, aber wahrscheinlich wollte ich es einfach nicht sehen.

TELLERWÄSCHER

OLAF KAMRATH • Meine Familie lebt schon lange in Neuruppin. Mein Uropa betrieb einen Kolonialwarenladen, sein Sohn Kurt Kamrath, mein Opa, hat einen Fischladen besessen. Dort standen auch einige größere Becken mit Lebendfisch. Ich saß gern vor seinem Riesenaquarium und träumte von Monsterfischen. Zuerst in der Karl-Marx-Straße, später in der Wichmannstraße. Der Fischladen lag neben der Gaststätte meines Vaters, den Ruppiner Bierstuben, im Volksmund Tonne genannt. Wir wohnten in der Schinkelstraße 20. Meine Eltern, mein Bruder René, meine Schwester Heike, ich als das Nesthäkchen, 1968 geboren, sowie Opa und Oma. Neben der Küche und dem Bad gab es zwei Zimmer, Wohnzimmer und Schlafzimmer. In einem Zimmer haben Opa und Oma gewohnt, im anderen Zimmer wir fünf. Es war immer was los, ich fand das super.

Mein Leben spielte sich wegen der häuslichen Enge draußen ab. Neben dem Haus lag die Wallanlage. Dort haben wir Fußball gespielt, Schaukeln gebaut, Kriege ausgefochten, Cowboys gegen Indianer. Ich war immer Cowboy, obwohl die meisten Kinder Indianer sein wollten, wie Gojko Mitić aus den DDR-Filmen.

In einem nahen Wäldchen hatten die Kampfgruppen der Betriebe in einem Schuppen Material gelagert. Einmal brachen wir die Tür auf. Die Sache kam raus, wir wurden von der Volkspolizei vernommen, der Abschnittsbevollmächtigte, dieser miese Kerl, petzte es meinem Vater, ich bekam eine kleine Strafe, der Kleiderbügel kam zum Einsatz, dann vergaß Vater es wieder.

Als Jugendlicher schenkten mir meine Eltern ein Moped, ein Simson 51 B. Das war mein ganzer Stolz. Eigentlich sollte mein Bruder die schmucke Maschine bekommen, der hatte aber kein Interesse. Ich dagegen war tierisch heiß drauf und konnte natürlich längst fahren.

In Neuruppin waren wenig Vopos unterwegs, da fiel ich gar nicht auf, wenn ich abgelegene Wege benutzte. Aber einmal war ich unvorsichtig. Kurz vor der Führerscheinprüfung wollte mich ein Bulle anhalten. Ich haute mit dem Moped ab, nur leider in eine Sackgasse. Dort legte ich mich zu allem Überfluss auch noch hin. Nix kaputt, aber ich musste das Moped hinter dem Volkspolizisten zur Wache schieben. Mein Vater kam mich abholen und handelte irgendeinen Deal mit den Bullen aus.

Noch mal gut gegangen – dank Vaters Tonne. Dort verkehrte jeder. Alle Neuruppiner brauchten ab und an ihr Bierchen. Ob Parteibonze, Bulle, Gewerbetreibender, meine Lehrer. Vater war als Schutzmaßnahme in die SED eingetreten, damit ihm keiner was konnte. Die Kneipe hieß bei allen nur Tonne, weil man dort auf Fässern saß.

»Gehen wir heute in die Tonne?«

»Na klar, was dachtest du denn?«

Viele Neuruppiner haben in der Tonne das erste Bier ihres Lebens getrunken. Ab 14 Jahren durfte man rein, und wer eintrat, bekam sofort ein Bier hingestellt. Mein Vater war eine Institution. Und als Sohn des Tonnenwirts war auch ich eine kleine Institution. Wer wollte es sich schon unnötig mit dem Sohn des Wirts verderben?

Die Kneipe bestand aus einem großen und einem kleinen Raum. Im großen stand vorn der Tresen, wo Vater residierte. Im kleinen wurde nach der Wende ein Billardtisch reingestellt. Wenn du in die Kneipe tratst, tränten dir sofort die Augen. Man konnte die Luft schneiden, so deutlich stand der Tabakqualm im Raum. Vom Bürgermeister bis zum Kohlenfahrer tranken alle ihr Bier, pafften und redeten wild durcheinander. Es war eine von Männern belebte Oase des Müßiggangs, die Freude am Biertrinken vereinte sie.

Neuruppin war Garnisonsstadt, die Offiziere kamen gern in Vaters Kneipe. Wenn sie ihre Fahrer draußen warten ließen, ist Vater raus und hat den einfachen Soldaten was Alkoholfreies zu trinken gebracht. Danach war manchmal mit den Russen Armdrücken um goldene Uhren angesagt. Für einen doppelten Schnaps hat einer lebenden Tauben den Kopf abgebissen. Es wurde gewettet, gezockt, gesoffen. Nebenher wurde alles verkloppt und verscheuert, was damals in der DDR Mangelware war. Von Kohlen bis Erdnüssen, von Omas Brosche bis zum Beelitzer Spargel. Am Wochenende war geschlossen, da sollten sich die Männer um ihre Familien kümmern. Etwa fünfzig Leute passten rein. Oft war es aber viel voller, und die Leute standen in Dreierreihen am Tresen.

Morgens sind die ersten Leute durch den Hintereingang schon um sieben reingekommen. Der Bürgermeister, die Kripo, der Bäcker brachte frische Brötchen mit, der Fleischer Gehacktes, noch warm. Haben sich ihr erstes Gläschen abgeholt. Vater wusste über alles Bescheid, er war vernetzt und kannte die kleinen Geheimnisse und Schwächen der Leute.

Die Tonne lág am zentralen Platz Neuruppins, das Rathaus schräg gegenüber. So konnte er auf dem kurzen Dienstweg Probleme klären.

Man konnte in der Tonne auch essen. Buletten, Knacker, Schnitzel, Sülze, was er eben gerade dahatte. Das Essen wurde hinten in der Küche zubereitet. Ein Problem war der Abwasch. Den übernahmen oft meine Geschwister und ich, um ein wenig Geld zu verdienen. Abwaschen, Abräumen, Aschenbecher ausleeren. Die leeren Wein- und Schnapsflaschen durften wir zum Altstoffhandel bringen. Eine Zeit lang hat man zwanzig Pfennig pro Flasche gekriegt, in Summe waren das nach einer Tour dann schon mal zwanzig DDR-Mark, für uns ein Supergeld. Und wenn man die Kneipe ausfegte, fand man fast immer etwas auf dem Boden. Einen Zehner oder Zwanziger. Wenn sie abends besoffen waren, hat so mancher was fallenlassen.

So hatte ich seit frühester Kindheit immer Geld in der Tasche. Mein Vater steckte es mir aber nie zu, ich musste etwas dafür tun. Ich fand dieses Prinzip nicht schlecht. Um 18 Uhr musste immer einer von uns Abendbrot zu meinem Vater bringen. Das bedeutete dann, ihm zu helfen. Abwaschen und Putzen konnte eine Strafe sein, das blieb meist an mir hängen.

KEINE MUSTERKNABEN

OLAF KAMRATH • »Vater, was soll ich für einen Beruf lernen?«

»Ich habe dir schon was besorgt, du fängst bei der Reichsbahn als Elektriker an. Elektriker werden immer gesucht.«

»Na ja, gut, alles klar.«

Ich machte mir keine Gedanken und bin zum Lehrbeginn erschienen. Meine Hobbys waren Fußball und ein bisschen Mädchen, wichtiger war aber Fußball. Mit 14 hatte ich meine erste feste Freundin und erforschte mit ihr die Sexualität. Sie hieß Anja, ich hatte aber nebenbei immer andere.

Über das Abitur dachte ich nie nach. Mein Bruder sagte: »Mach bloß kein Englisch, da musst du nachmittags eine Extrastunde büffeln.« Von unseren Eltern wurden wir auch nicht gedrillt. Wir konnten machen, was wir wollten, wenn wir nicht allzu viel Scheiße bauten.

Plötzlich war ich also Reichsbahnelektriker und konnte schalten, prüfen, messen, verkabeln. Zudem bekam ich massenhaft Freifahrtscheine, für meine Fußballreisen ideal! Reichte sogar für die Freunde. Im Lokschuppen oder im Betriebswagen, im Volksmund »Ferkeltaxe« genannt, habe ich dann Anlasser und Kohlestifte gereinigt, wieder eingebaut, Türwartungen tagein, tagaus. Dann sollte ich Lokführer werden. Leider kam etwas dazwischen. Wir waren bei einem

Fußballspiel von Union und nahmen hinterher im jugendlichen Leichtsinn den Zug auseinander. Wir tranken, feierten, tobten durch die Abteile. Union hatte verloren, wir waren stinkig, irgendwann fing einer an zu randalieren, und fast alle haben mitgemacht. Transportpolizei war nicht im Zug, der Schaffner ließ sich nicht blicken. Es wurden Sitze zertrümmert, Lehnen und Aschenbecher abgetreten, Bier verspritzt. Irgendwer hat mich verpfiffen. Keiner bekam eine Anzeige, weil man niemandem was nachweisen konnte, aber drei Tage später holte mich die Kripo und brachte mich zur Reichsbahn. Dort saßen ein hoher Reichsbahnfasan und ein Bulle.

»Wir müssen Ihnen Ihre Freifahrtscheine wegnehmen. Und Sie dürfen die Lokführerausbildung nicht mehr machen.«

Ich sagte: »Da waren hundert Leute im Zug, wie sollte ich das verhindern? Haben Sie dem Schaffner auch seinen Führerschein und seine Freifahrtscheine weggenommen? Und dem Lokführer?«

Als sie die Strafe nicht zurücknahmen, habe ich die Reichsbahnpräsidentin angeschrieben und Beschwerde eingelegt. Sie antwortete mir, es würde alles zurückgenommen, ich könne nun Lokführer werden. Ich habe trotzdem gekündigt.

Während meiner Lehre wurde ich von der NVA für den Militärdienst gemustert. Ich sollte an die Grenze. Ich sagte: »Ja, wissen Sie denn gar nicht, dass ich nicht auf Menschen schießen kann?«

Die Köpfe der Kommissionsoffiziere liefen rot an. »Wie? Sie können nicht auf Menschen schießen?«

»Ja, ich kann nicht auf Menschen schießen. Ich gehe auch regelmäßig zur Jungen Gemeinde.«

»Was ist, wenn jemand auf Ihren Bruder schießen würde, würden Sie dann nicht zurückschießen?«

»Nein, man kann Gleiches nicht mit Gleichem vergelten.«

Sie kochten und drohten, mich erst mit 26 Jahren zum Militärdienst einzuziehen. Ich war aber vorbereitet auf ihre miesen Tricks und hatte selbst welche parat.

FRANKY • Ich hatte nicht gerade eine glückliche Kindheit. Ich hasste meinen Vater, manchmal wünschte ich mir sogar seinen Tod. Heute sind wir die besten Freunde, und ich pflege ihn im Alter. War ein langer Weg bis dahin, seine damaligen Fehler will er immer noch nicht einsehen. Er sagt, es gab nur einen Klaps hinter die Ohren. Es war aber kein Klaps, es waren Schläge, bis aufs Blut. Ich hatte überall blaue Flecken. Meine Geschwister auch, er hat uns ständig verprügelt. Er dachte, er könne dadurch einen guten Menschen aus mir machen. Er schlug uns, weil er es nicht anders kannte. Für ihn war das eine angebrachte Erziehungsmethode.

Mein Vater war Schweißer, meine Mutti arbeitete tagsüber im Kindergarten und kassierte abends Versicherungen, damit ein bisschen mehr Geld in die Kasse kam. Ich habe meine Eltern nie streiten sehen. Mein Vater war kein Trinker, ist aber unter harten Umständen aufgewachsen. Meine Tante erzählte, Vater hatte es richtig schwer. Mein Opa war bei der SA ein hohes Tier und ist der Nacht der langen Messer zum Opfer gefallen. Meine Oma band sich daraufhin einen Stein um den Hals und ging in den Neuruppiner See.

Die Kinder wurden adoptiert. Schläge waren in der Pflegefamilie an der Tagesordnung. Vater musste kurz vor Kriegsende Essen stehlen und heimlich Brennholz besorgen. Wenn er nicht genug mitbrachte, gab es Schläge. Trost suchte er bei der HJ, doch seine Pflegemutter ließ ihn regelmäßig zu spät zu den Treffen los. Einmal ist deshalb seine Hundertschaft HJ-Pimpfe im Gleichschritt zu ihr hin. Sie hat eine Ansage gekriegt. Das sei Wehrkraftzersetzung. Wenn der Junge noch ein Mal zu spät komme, werde sie zur Verantwortung gezogen. Vater ist bis zum Kriegsende zum Paulinenauer Bahnhof in Neuruppin, wo die Verletzten aus Russland ankamen. Sie lagen auf dem Rasen, und er steckte ihnen die letzte Zigarette an, weil sie selbst zu schwach waren, auch nur ein Streichholz zu entzünden.

Ich musste früh lernen zu arbeiten, ich bin von Haustür zu Haustür und habe Flaschen gesammelt. Ich half Vater im Garten und habe bei einer Autowaschanlage Unkraut gerupft, bis die Finger bluteten. Zwei Tage Rupfen brachten zwanzig DDR-Mark. Mit nem Zwacken in der Tasche dachte ich, die Welt gehört mir.

Schule war schrecklich, ich fühlte mich dort nicht wohl und bin ständig angeeckt. Meine langen Haare, meine Aufnäher auf der Jacke, Fußballkram und AC/DC. Mit 15 bin ich dann geflogen.

Der Neuruppiner Tempelgarten war unser Spielplatz. Wir halfen bei den Umbauarbeiten und sollten als Belohnung einen Jugendclub bekommen. Aber als die Arbeiten abgeschlossen waren, redete niemand mehr vom Jugendclub. Wir waren angepisst, und ich stieg mit zwei Kumpels in die Räume ein, die uns versprochen worden waren. Wir gestalteten die Räume am Wochenende vor der Einweihung neu und erfanden wahrscheinlich nebenbei die Raufasertapete. Ich schmierte Tapetenkleister an die Wände, dann feuerten wir Sägespäne dagegen. Anschließend haben wir Sprüche draufgeschrieben: »Frieden schaffen ohne Waffen«, »Schwerter zu Pflugscharen«.

Eine Zeit lang war ich in Alt Ruppin immer beim Pastor zur offenen Kirche. Im Keller durften wir uns treffen und Spaß haben, dort landeten die politisch anders denkenden jungen Leute. Der Pfarrer war ein cooler Typ mit langen Haaren und US-Parka. Er hat uns auf der Gitarre Lieder vorgespielt und Aufnäher verteilt, die mir meine Mutti an die Jacke nähte. Daher kamen auch die Sprüche. Meine Mutti fand, das hörte sich gut an. Ich dachte, die friedliebenden DDR-Funktionäre würden sich darüber freuen. Aber sie haben sich überhaupt nicht gefreut, als es an den Wänden stand.

Es kam zu einer Gerichtsverhandlung gegen mich und meine Kumpels. Unsere ganze Schulklasse sah zu, wie wir verurteilt wurden. Da war ich gerade mal zarte 13.

Vor der Verhandlung flachste ich noch: »Hey, wir sind ja richtige Stars.«

Doch der Staatsanwalt stellte sich vor meine Klasse, hielt sein Plädoyer, zeigte mit dem Finger auf mich und meine Freunde und belferte: »Diese kriminellen Subjekte haben in unserer sozialistischen Gemeinschaft nichts zu suchen.«

Damit war mein Schicksal und das meiner zwei »Helfer« besiegelt, wir wurden von Menschen zu Subjekten degradiert. Ich verstand die Welt nicht mehr. Was hatte ich denn schon geschrieben? »Frieden schaffen mit NATO-Waffen«? »Kriege sind gut«? Nein: »Frieden schaffen ohne Waffen«. Das konnte doch keine Gefahr für den Weltfrieden sein.

Unser Jugendstreich brachte mir drei Monate Knast und eine Geldstrafe von 2643 Mark und 22 Pfennigen ein. Obwohl es meine erste »Straftat« war, kannte der Richter keine

Gnade. Der Plan des Gerichts war, dass wir in den Sommerferien in den Knast sollten, damit wir nicht so viel Schule verpassten. Es dauerte aber bis Oktober. Ich sollte mich bis 14 Uhr in der Bernhard-Brasch-Straße 7 zum Haftantritt einfinden. Keine Fragen stellen, nichts mitbringen. Ich verstand gar nicht, was die von mir wollten. In Neuruppin war Martinimarkt, als ich das Schreiben im Briefkasten fand. Ich rannte auf den Rummel und traf dort die anderen beiden. Sie hatten den gleichen Schrieb erhalten. Sie sagten: »Scheiße, wir müssen wirklich in den Knast.« Ich war geschockt, habe angefangen zu heulen und bin nach Hause gerannt. Mutter hat mitgeheult. Ich konnte das nicht verstehen, ich wusste nicht mal, dass es in Neuruppin einen Knast gab.

Meine Mutter brachte mich zum Gefängnis. Ich habe auf dem Weg dorthin nur geheult. Die anderen zwei kamen auch mit ihren Eltern. Es war so krass da drinnen im Männerknast, das war so furchtbar. Allein schon diese hässlichen, kratzigen Knastklamotten. Wir landeten zu dritt in einer Zelle. »Los, rein!« Immer im gebrüllten Kasernenhofton. Schon ging die Tür wieder auf, und ein Bulle schrie: »Am Tag darf man nicht auf dem Bett sitzen!«

Irgendwann steckten sie mich in Einzelhaft, keine Ahnung, warum. Ich bekam einen Zettel reingeworfen und sollte bestimmte Dinge auswendig lernen. Ich sollte alle Schließer mit ihrem Dienstgrad ansprechen. Abends ging das Brett auf, und drei Bullen mit einem Klemmbrett brüllten: »Meldung!«

Ich musste strammstehen. Aber wie sprach ich die jetzt an? »Herr Polizist«, sagte ich. War natürlich falsch.

»Es heißt, Zelle 13, ein Mann vollständig angetreten!«

Tür wieder zu, draußen haben sie gelacht, und ich wusste

nicht, was ich falsch gemacht hatte. Und wie es richtig war, wusste ich auch nicht. War eine harte Zeit.

Nachts lag ich im Bett, der Knastmond schien, alle dreißig Minuten ging über der Tür ein Scheinwerfer an, die ganze Haftzeit durch. »Lichtkontrolle« nannten sie das. Das war nichts anderes als Folter.

Nach 14 Tagen Einzelhaft bekam ich einen Neuzugang. Ein alter, hässlicher Sack. Später sollte sich herausstellen, er war ein Sittenpfiffi. Wie jede Nacht konnte ich wegen der Lichtkontrollen nicht pennen. Plötzlich schoss ein Kopf neben mir hoch. Der alte Sack in Höhe meiner Leistengegend, das Gebiss draußen. Ich trat reflexartig mit dem Fuß zu und traf ihn am Kopf. Der fiel gleich um. Nachts ist es sehr leise im Knast, und das hat ordentlich gepoltert. Beim Freigang am nächsten Tag wurde ich von den anderen Knackis darauf angesprochen. Ich dachte, jetzt bekomme ich eine Ansage, weil ich den Alten gegen den Kopf getreten habe. Aber denkste. Die haben den alten Sack Maß genommen, und beim nächsten Einkauf musste er mir einen Kuchen hinstellen.

Der Vater eines Klassenkameraden war Wächter im Knast, der hat fast geheult, als er mich im Freihof rumstehen sah, weil ich als Kind bei denen zu Hause mit seinem Sohn gespielt hatte. Und jetzt hing ich wie ein Häufchen Elend mit den Knackis rum. Ich war mittlerweile 14, sah aber aus wie neun, die Knastklamotten waren mir viel zu groß. Ein Soldatenmantel, noch aus Wehrmachtszeiten, nur eingefärbt und gelbe Streifen drangenäht, schlotterte an mir herum.

Der Knast hat mich Demut gelehrt. Ich habe vier Scheiben Brot zum Abendessen gekriegt und hätte zwanzig fressen können. Ich hatte immer Hunger. Einmal hat mir einer auf dem Freihof heimlich eine Zwiebel zugesteckt. Der hatte Beziehungen zur Küche. Ich war dem Typen so was von dankbar. Es gibt Tage, da kriege ich das Heulen, wenn ich daran denke. Das war eine Wertschätzung. Der hat sein Essen mit mir geteilt, obwohl er mich nicht kannte.

Als die Haft zu Ende war, sollte ich weiter zur Schule gehen. Dort hat man mich behandelt, als ob ich Lepra hätte. Ich begann eine Lehre zum Maurer. Die zog ich durch bis zum letzten Tag. An diesem letzten Tag bin ich wieder verhaftet worden. Ich war 17 und bin verraten worden. Zwölf Monate wegen versuchter Republikflucht.

OLAF KAMRATH • Als ich in der zehnten Klasse war, organisierten wir in Neuruppin eine illegale Demo. Danach waren einige von uns einen Tag in U-Haft. Alles begann mit dem Gerücht, ein Neuruppiner sei von einem Russen mit dem Messer verletzt worden. Als sich bestätigte, dass russische und deutsche Jugendliche sich eine Messerstecherei geliefert hatten, hieß es: »Kommt alle zum Kulturhaus, dort treffen wir uns und stellen uns gegen die Russen. Um ihnen zu zeigen, wer der Herr in Neuruppin ist.« Und tatsächlich kamen dann knapp vierhundert Neuruppiner Jugendliche zusammen, die geschlossen zur Russenkaserne im Zentrum marschierten, dort, wo heute das Wellnesshotel steht, das war ein Riesending. Vor der Kaserne haben wir gerufen: »Ra, Ra, Rasputin, Russen raus aus Neuruppin!«

Plötzlich spuckte die Kaserne einen Lkw aus, der direkt auf uns zufuhr. Ich blieb als Einziger stehen. Erst kurz vor mir bremste das Ding ab. Die Jugendlichen jubelten.

Dann bogen aufgeregte Bullen und die Stasi um die Ecke.

»Bürger von Neuruppin, Ihr Verhalten ist rechtswidrig. Lösen Sie Ihre Versammlung auf!«

Alle bekamen Schiss und verschwanden. Ich bin nach Hause gerannt und hab mich im Zimmer verbarrikadiert. Nach einer Stunde klingelte es Sturm. Meine Schwester machte auf.

»Ist Ihr großer Bruder da?«

»Nein, der ist nicht da.«

»Und Ihr kleiner Bruder?«

»Da muss ich mal gucken.«

Sie wollte die Tür schließen, doch zack, hatten die ein Bein drin und ab in die Bude.

»Sind Sie Olaf Kamrath?«

»Ja.«

»Mitkommen!«

Auf dem Revier saßen schon ein paar meiner Freunde. Zuerst haben wir noch gefeixt, aber dann ließen sie uns schön schmoren, und am Ende stand ein vorläufiger Haftbefehl und die Überführung in die Untersuchungshaftanstalt Neuruppin. Ein Schlag in den Magen. Die Knäste waren damals dank einer Amnestie leer, also steckten sie mich in eine Zelle, wo nur ein einziger Typ drinsaß. Bestimmt, um mich auszuhorchen. Stasimethoden, kannte man ja aus Erzählungen von anderen in der Jungen Gemeinde.

Er fragte auch gleich: »Habt ihr irgendwas gerufen?«

»Nein, gar nichts. Ich bin nur mitgelaufen.«

Eine Nacht kochten sie mich weich, ich konnte nicht schlafen und hatte Angst. Anderntags wurde der Typ abgeholt. Kurz danach musste ich zum Verhör.

»Deine Kumpels haben alles zugegeben. Du sollst ›Russen raus aus Neuruppin‹ gerufen haben.«

»Die müssen spinnen, ich habe nichts gerufen.«

Wir wurden entlassen und gingen gegenüber ins Café Witt, um erst mal genüsslich in Freiheit einen Kaffee zu trinken.

JOSCHI • Olli kannte ich aus der Schule, er war eine Klasse unter mir. In einer Kleinstadt wie Neuruppin läuft man sich ja ständig über den Weg, außerdem waren wir in den gleichen Cliquen, in der Jugend vor allem in der Neuruppiner Motorradclique, der Kultigang. Wir fuhren zusammen mit unseren Mopeds zur Disco, unserem Hauptziel am Wochenende. Mädchen, Kloppereien mit der Dorfjugend, die ewige Langeweile vertreiben.

Ich komme aus bürgerlichen Verhältnissen. Mein Vater war Lehrer und sattelte später zum Uhrmacher um. Beide Berufe sind durch Pedanterie geprägt. Meine Mutter war Krankenschwester. Als ich 16 war, ließen sich meine Eltern scheiden. Das hat mich stark mitgenommen. Bis dahin lebte ich in der Blase einer sorgenfreien Kindheit. Die Schule fiel mir leicht, ich war der Klassenclown, trieb viel Sport, Judo und Fußball. Abitur ging dann aber nicht, weil mein Verhalten nicht den sozialistischen Normen entsprach. Ich bin mal einen Fahnenmast hochgeklettert und hab mit der DDR-Fahne Faxen angestellt. Ich mochte den Staatsbürgerkundeunterricht nicht und fiel insgesamt nicht gerade als künftiger Erbauer des Kommunismus auf.

Vater wollte, dass ich sein Uhrengeschäft übernehme. Die Ausbildung zum Uhrenmacher, Schwerpunkt elektrische Uhren, konnte ich aber nur in Sachsen machen. Das wollte ich nicht und lernte deshalb den Beruf des Elektronikfacharbeiters. Parallel dazu wollte ich auf der Abendschule das

Abitur machen, besuchte sie aber nur ein Jahr, weil ich lieber mit meinen Kumpels unterwegs war.

OLAF KAMRATH • Wir trafen uns immer am Kulturhaus, deshalb hießen wir inoffiziell die Kultigang. Ungefähr siebzig Leute gehörten dazu, manchmal waren wir ein großer Mob, wenn wir mit unseren Motorrädern »Born to be wild« auf dem Bürgersteig spielten. Zwei Vopos nervten uns ganz besonders, der eine hieß bei uns nur »Entenarsch«, weil er einen unheimlich fetten Hintern hatte. Wenn Entenarsch uns anhielt, weil wir aus Soundgründen an unseren Auspuffen herumgebastelt hatten, nervte er massiv. Einmal hielt er drei von uns an, alle anderen rasten auf dem Gehweg an ihm vorbei – das waren unsere Momente.

Neben der Kultigang gab es noch die Seegang, von denen hatten auch fast alle Motorräder. Wie der Name schon sagt, lungerten die meistens am See rum. Wir besuchten sie mal mit Eiern, die wir ihnen schön vom Motorrad aus an die Köppe warfen.

Wir waren große Udo-Lindenberg-Fans und sangen seine Lieder laut auf der Straße. Wenn Lindenberg in der Glotze lief, hockten wir vorm Fernseher und fotografierten ihn ab. In der DDR waren in den 80ern Hirschbeutel in Mode, die füllten wir mit den Fotos und verkauften sie schwarz bei Spielen im Union-Stadion.

Unsere Kassettenrekorder spuckten aber auch Iron Maiden, AC/DC und Motörhead aus. Die Songs hatten wir aus dem Westradio aufgenommen, manchmal schmuggelten unsere Omas auch Platten aus dem Westen rüber. In unserer Ecke spielte die Coverband Biest alle aktuellen Westrocksongs nach, wir fuhren der Band am Wochenende mit unseren Mopeds hinterher, hauten uns auf den Zeltplatz, und abends gab's das Konzert.

Ich hatte schulterlange Haare, wir trugen Fleischerhemden und Kletterschuhe, damit eckten wir in der Schule und später in der Lehre immer wieder an. Shellparkas waren auch sehr schick, damit warst du ganz weit vorne. Später wurden die Haare kürzer, und ich trug Streifenjeans, ordentliche Turnschuhe aus dem Westen und England-T-Shirts.

RALLE • Olli war als junger Mensch taff, ich dagegen wollte nie im Mittelpunkt stehen. Für Olli war der Mittelpunkt der natürliche Platz. Er spielte Fußball, ich konnte damit nichts anfangen. Wir waren ein paarmal zusammen beim Fußball. Für Prügeleien bin ich gar nicht, einmal haben Fußballfans eine Polizeikette ziemlich derb durchbrochen, das war mir zu krass. Geld verdienen, Geld haben, das war uns beiden wichtig. Wir waren immer auf der Suche nach Geschäftsideen. Die DDR hielten wir für ein Auslaufmodell, es musste mehr geben.

Bereits vor der Wende versuchten wir, was dazuzuverdienen. In der Schule besuchte ich den Zirkel junger Fotografen und lernte Fotografieren und Entwickeln. Anfangs machten wir Porträtfotos unserer Mitschüler, später entdeckte ich ein neues Geschäftsfeld. Erst Udo-Lindenberg-Poster aus der *Bravo* abfotografieren, dann alle möglichen Poster angesagter Popstars aus dem Westen, Fußballflaggen, Logos und so weiter. Die Fotos gingen weg wie warme Semmeln.

JOSCHI • Wir drehten kleine Dinger. Olli hatte frühzeitig ein Talent, Schlupflöcher im System zu finden. Franky ist mal mit Kumpels in die Nachbarschule eingebrochen und hat alles verwüstet. Ich war als Jugendlicher recht brav, obwohl ich immer nach dem Westen schielte und mich das DDR-System ankotzte. Alles war vorgegeben, von der Wiege bis zur Bahre. Wir waren kirchlich, ich bin in die evangelische offene Arbeit gegangen.

Zum Fußball nach Berlin bin ich gern mitgefahren. Anfangs Union, später zum BFC, der uns wegen der Hooliganszene mehr reizte. Besonders um die Wendezeit war der Fußball ein rechtsfreier Raum. Anfang der 90er trafen wir viele Leute aus der Hoolszene wieder, einige haben damals schon illegale Geschäfte gemacht.

Mein Style war flippig, ich spazierte mit Plateauschuhen durch Neuruppin und liebte Techno. Für ausgefallene Klamotten, Autos und Motorräder war ich immer zu haben.

OLAF KAMRATH • Ich hatte mit der Reichsbahnkarriere abgeschlossen und fing als Blitzschutzmonteur an. Ein genialer Posten, der quasi vererbt wurde, weil ihn keiner jemals gekündigt hat. 1100 Ostmark, offiziell von Montag bis Freitag, inoffiziell von Montag bis Donnerstag. Auch an den anderen Tagen war ich meist um 14 Uhr fertig. Man durfte nur am Freitag nicht vor 16 Uhr in der Stadt erscheinen, damit es nicht auffiel. Ein herrlicher Job, wie es ihn nur in der DDR gab.

Morgens wurde am Bahnhof immer schön gefrühstückt, dann fuhr ich zu meiner jeweiligen LPG-Arbeitsstelle, überprüfte dort die Blitzableiter an den Schornsteinen, tauschte poröse Teile aus und schrieb einen Bericht. Kein Mensch in der DDR wusste, was wir wirklich auf dem Schornstein anstellten, weil so hoch nie einer gekrabbelt ist. Niemand hat uns kontrolliert, bei der Inventur hatten wir so viel Aluminium übrig, dass wir es verbuddeln mussten. Hauptsache, du hast den Überschuss nicht behalten, das wäre Betrug am sozialistischen Volkseigentum gewesen.

Ich hatte also Zeit im Überfluss, um ein paar Sachen privat zu verbauen. Zum Beispiel bastelte ich bei irgendeinem LPG-Vorsitzenden eine Blitzschutzanlage aufs Haus. Dafür erhielt ich fünfhundert Mark und unser Chef, nach allem, was ich gehört hab, eine schöne Heizung. Böse Zungen nannten das Schwarzarbeit, ich würde nicht so weit gehen. Wir verdienten jedenfalls viel Geld und hatten dieses korrupte System nicht erfunden.

An den Job bin ich über Vater gekommen, der im richtigen Moment wieder jemanden kannte, der jemanden kannte. Ralle, der später bei der XY-Bande die Buchhaltung machte, fing fast zeitgleich mit mir dort an. Joschi landete kurz darauf auch in diesem Bombenjob.

Meine Arbeitskollegen beim Blitzschutz waren zur Hälfte Alkoholiker. Die andere Hälfte hatte eine Datsche, einen Farbfernseher, eine Ledercouch und einen Lada. Sollte es das für mich sein?

Mit Ralle hatte ich schon während der Lehrzeit überlegt, mit welchen Ideen wir gut Geld verdienen konnten. Geld war auch im Sozialismus der DDR der Schlüssel zum Glück. Haste was, biste was, lautete die Parole. In der DDR musste man Jahrzehnte auf ein neues Auto warten. Jeder Bürger und jede Bürgerin gab eine Bestellung ab, und zehn Jahre später lag der Abholschein im Briefkasten. Also dachte ich nach und horchte mich um, wer seine Autoanmeldung verkaufen wollte, weil er gar kein neues Auto brauchte. Einer solchen Glückspilzin boten wir zwischen 1000 und 2000 Mark. Als sie einwilligte, fuhren wir mit ihr zur zentralen Autovergabe nach Brandenburg. Sie nahm ihr Auto in Empfang, zahlte 32 000 Mark und verkaufte es sofort an uns weiter. Ich fuhr zur Zulassungsstelle und meldete es auf meinen Namen um. Später hat Ralle den Wagen für viel Geld weiterverkauft. Dadurch war für uns zwei der Weg vorgegeben – in der DDR waren Geldsorgen für uns nicht mehr existent.

RALLE • In der Lehrzeit stellte ich mit einem Freund Kotflügel aus Glasfasergewebe und Epoxidharz für den Škoda 100 her. Ein Supergeschäft, mit dem wir gut zu Geld gekommen sind, weil in der DDR immer Ersatzteilknappheit herrschte. Wie Ronald Reagan mal so schön sagte: »Sozialismus funktioniert nur im Himmel, wo sie ihn nicht brauchen. Und in der Hölle, wo sie ihn bereits haben.«

Es war ein gutes Gefühl, sich plötzlich teure Dinge leisten zu können. Als ob man auf einem höheren Level lebte. Ich wollte unbedingt einen Lada, war ein schöner Wagen, hat nur viel Motoröl geschluckt, aber ich wollte den unbedingt haben. 21 000 DDR-Mark auf dem Schwarzmarkt. Irgendwann hatte ich das Geld zusammen. Schön rot, keine Ahnung, wie alt er war, wahrscheinlich zu alt, aber er machte mich glücklich.

Mein eigentlicher Job als Werkzeugmacher war eintönig, es gab kaum interessante Leute, die Kotflügelsache aber lief perfekt und hätte auch zum Leben gereicht. Warum also nicht raus aus dem Trott, warum nicht auf das Kotflügelbauen konzentrieren? Ich wusste nicht so recht, ob das im großen Stil erlaubt war. Oder ob sie mir auf den Keks gegangen wären. In der DDR musste man offiziell arbeiten, das viel gerühmte Recht auf Arbeit beinhaltete auch die Pflicht zu arbeiten. Daher war ich Feuer und Flamme, als Olli mit dem Blitzschutzjob ankam. Blitzschutz, Kotflügel – ein schönes Leben schien nah.

Olli kaufte einer Frau deren Anmeldung für einen Wartburg 1.3 ab. Er brauchte 32 000 DDR-Mark, um das Auto zu bezahlen. Ob ich nicht einen Weg wüsste? Wusste ich. Ich hatte das Kotflügelgeld und hab mir von meiner Schwester noch was geborgt. Olli hat auch was besorgt. Dann haben wir uns auf das Geschäft eingelassen. War ja stadtbekannt, dass man mit den Anmeldungen irre viel Geld verdienen konnte. Von 80 000, vielleicht 100 000 sprach die Gerüchteküche. Um Berlin herum gab es ein paar freie Automärkte, wo Privatleute halblegal mit Autos handelten. Die Autos standen unauffällig auf einem Parkplatz am S-Bahn-Ring, das Fenster einen Spalt offen, durch den die Interessenten einen Zettel mit ihrer Adresse und einem Preisvorschlag warfen. Die Verkäufer liefen in der Nähe dezent auffällig hin und her. Diese Märkte sahen wir uns am Wochenende an.

Als wir dann den Wartburg im Sommer 89 kauften, fuhren wir stolz wie Bolle durch die Stadt und feierten unseren Deal. Am Ende haben wir ihn dann über die Zeitung verkauft, weil Olli im Spätsommer über Prag in den Westen verschwunden war. 80 000 kamen zwar nicht ganz zusammen, aber irgendwann hat jemand 63 000 geboten, und jeder bekam seinen Anteil. Ich lernte, wenn man sich engagiert, dann kommt was zurück.

FRANKY • 1985 kam ich wieder aus dem Knast raus, war volljährig und hab nur noch auf dem Rummel gearbeitet, bei meiner Schwester und meinem Schwager. Sie waren Schausteller. Ein Familienbetrieb. Berg- und Talbahn, Planetenbahn, Luftschaukel, ein paar Kinderkarusselle, Schießbuden,

Ballbuden, Losbuden und der ganze andere Scheiß. Sie waren so groß, dass sie mit ihren Buden eine Stadt bestücken konnten. Wir sind das Jahr über von Stadt zu Stadt gefahren und haben unseren Rummel aufgebaut. Manchmal waren kleinere Schausteller dabei, die ein Geschäft besaßen, das wir nicht hatten, ein Riesenrad beispielsweise. Wir waren in mittelgroßen Städten unterwegs, Neuruppin, Frankfurt/Oder, Schwedt und so weiter.

Große Städte bespielten wir gemeinsam mit dem größten Schausteller der DDR, der mit den meisten Angeboten. Er kam aus Melchow, wie meine Schwester, sie lebten in der gleichen Straße, sie kamen beide aus deutschen Familien. Es gab auch fahrende Romafamilien, die hatten aber eher kleine Buden. Ich lernte auf dem Rummel etwas Romanes. Die Sprache der Roma ist in Europa überall ähnlich, ich kann mich mit allen halbwegs verständigen, egal, ob in der ČSSR oder in Serbien, nur die jeweiligen territorialen Dialekte unterscheiden sich ein wenig, wie Sächsisch zu Schwäbisch.

Ich war als Vorarbeiter tätig. Wenn wir eine Stadt besuchten, meldete meine Schwester uns alle als Erstes polizeilich an, das war Pflicht. So wusste die VP immer, welche Pappenheimer sie heimsuchten. Ich war nach meiner politischen Inhaftierung mit einem PM 12 unterwegs, in grenznahen Städten wie Schwedt oder Frankfurt war das manchmal problematisch, weil dieses Personaldokument Reisen ins Ausland untersagte. Jeder Bulle, der mich kontrollierte, wusste sofort: Ich bin ein Problemfall am Busen des Sozialismus.

Neben dem Lohn bekamen alle Schaustellergehilfen Frühstück, Mittagessen und Abendbrot. Jeder hatte sein eigenes Schlafabteil in einem Wohnwagen. Wir sind mit circa hundert Anhängern und zehn Lkws gereist. Meinen Führerschein habe ich auch auf dem Rummel gemacht, es gab da Möglichkeiten, man kam an alles ran.

Die Rummelarbeiter lebten in der Regel ohne Familie, viele waren Alkoholiker und wegen des Assiparagraphen (Recht und *Pflicht* auf Arbeit) im Knast gewesen. Die waren über und über zugehackt. Hin und wieder traf ich da auf richtig interessante Menschen. Einer wollte Arzt werden, der war hochintelligent, kam aber wegen eines politischen Deliktes in den Knast. Ein anderer, der Lange, war ein schwerer Alkoholiker. Er fand nur Arbeit beim Rummel.

Der Verdienst betrug ungefähr sechshundert Mark. Ein Schausteller hat 16 Stunden am Tag gearbeitet, kein Sonnabend, kein Sonntag. dreihundertfünfzig Tage im Jahr. Über Silvester und Weihnachten hatten wir frei. Es war harte körperliche Arbeit. Vier Tage Abbau und Neuaufbau in einem Rutsch. Wir bauten alles in einer Nacht ab, andere transportierten den Kram zum nächsten Standort, dort bauten wir es in vier Tagen wieder auf. Sechzig Stunden ohne Schlaf waren beim Umzug an einen neuen Standort die Regel.

Trotzdem besaß das Rummelplatzleben eine gewisse Romantik. Ich war braun gebrannt, bekam genügend frische Luft ab, war durchtrainiert und fand Weiber ohne Ende. In jeder Stadt spazierten abenteuerlustige Mädchen auf dem Rummel herum. Nur ins Ausland durften wir nie, die Stasi hat aufgepasst.

Die Gewinne an den Losbuden waren häufig Westimitate. Dafür hatte man so seine Quellen. Auf dem Schwarzmarkt bekam man gegen das nötige Kleingeld alle möglichen Schätze: Konserven mit Südfrüchten, Sekt, Ketchup, eingelegte Gurken, Bier aus dem Westen, Baumkuchen, Wein aus Ungarn. Diese Waren lockten die Menschen auf den Rummel.

Vor allem an Ostern hat man gesehen, wie verzweifelt die Leute waren. Eine Büchse Ananas für eine schöne Torte waren fünfzig Punkte an der Losbude. Manche brauchten zweihundert Mark, um die scheiß fünfzig Punkte zusammenzukriegen – für eine blöde Büchse Ananas.

Ich war falsch im DDR-System, Erich Honecker und Co. waren nicht meins. Kurz vor der Wende wurde ich in Bratislava ein drittes Mal wegen Fluchtversuch verhaftet. Nach kurzer U-Haft schickte man mich zurück in die DDR. Ich sollte mich beim ABV melden, dem Abschnittsbevollmächtigten, bin aber nach Polen, weil ich über Warschau in die deutsche Botschaft wollte.

In Polen wurde ich von der Militärpolizei verhaftet und weggesperrt. Daraufhin hat mich die Stasi abgeholt und nach Frankfurt/Oder befördert. Wieder kurze U-Haft, dann über die Amnestie im Oktober 1989 raus.

Ich ab nach Eberswalde, weil ich einen neuen Ausweis brauchte, um mit dem Dokument in den Westen zu verschwinden. Als sie nichts unternahmen, drohte ich, in Berlin die Amerikanische Botschaft zu besetzen, wenn ich nicht gleich meinen Ausweis bekäme.

»Ist Ihnen bewusst, was Sie da von sich gegeben haben?«

»Quatsch nicht so viel, hol meinen Ausweis!«

»Setzen Sie sich, ich werde telefonieren.«

Scheiße, dachte ich, das kann nach hinten losgehen! Ich hatte keinen Bock, wieder im Knast zu landen. Also ab durchs Klofenster nach draußen!

»Sie können hier nicht durchs Fenster klettern!«

Doch, hab durchgepasst. Aber sie fingen mich wieder ein, und der Bürgermeister ließ mich an seinem Tisch Platz nehmen.

»Machen Sie sich keine Sorgen«, sagte er, und kurz darauf brachte mir ein fetter Bulle meinen DDR-Ausweis. Hurra, ich hatte den Staat in die Knie gezwungen!

»Aber Sie bleiben jetzt hier?«

»Na klar!«, sagte ich.

Ab nach Neuruppin, Mutti gab mir Geld, ich wieder in die ČSSR eingereist und über die Grüne Grenze nach Bayern geflüchtet.

Dort wurde ich vom westdeutschen Grenzschutz eingesammelt, ein schicker VW mit bunten Lampen, ich war begeistert. Sie brachten mich in einem kleinen Ort namens Bacharach in einer Burg unter. Ich hatte noch nie in einer Burg geschlafen. Ich rief zwei Schwestern aus Westdeutschland an, die ich im Sommer bei ihrem Urlaubstrip durch die DDR auf dem Rummelplatz in Lindow kennengelernt hatte. Wir hatten ein paar geile Wochen zu dritt.

Ihre Mutter ging ran: »Frank, du hast dich so lange nicht gemeldet, wo bist du denn?«

»In Bacharach.«

»Ach, ein Bacharach gibt es bei uns auch.«

»Wo bei euch?«

»Na, bei uns am Rhein.«

»Ich bin auch am Rhein, auf der Burg Katz.«

Da hat sie aufgelegt.

Eine Stunde später rief mich die Rezeption nach unten. Eine riesige Frau schloss mich in die Arme und sagte: »Ich bin die Mutti von Kati und Birgit. Wir haben ein Zimmer für dich klargemacht, zu Hause bei uns, im Keller.«

In der Burg wohnte ich in einem Turm über den Wolken, und jetzt sollte ich in einem Keller hausen? Für mich war Keller mit Kohlen, Schmutz, Spinnweben und Kartoffeln verbunden. Ich wusste nicht, dass ein Keller so schick aussehen kann, inklusive Terrasse mit Blick über die Weinberge.

Eine der Töchter habe ich wieder gebumst, obwohl die einen Macker hatte, einen Zwei-Meter-Typen aus einer Rockergang. Und was macht die? Beichtet ihm das sofort. Sind doch bekloppt, die Weiber. Er war natürlich angepisst. Ich sagte: »Ist halt passiert, ich kann nichts dafür …« Er fand mich cool und besorgte mir einen Job in seiner Firma, als Lkw-Fahrer. Aber nach einem halben Jahr sehnte ich mich zurück zum Rummelplatz und fing wieder bei Schwester und Schwager an.

Ich liebe Deutschland, vor allem den Osten. Hier kenne ich jeden Strauch, samt Strauchdieb, und weiß, wo der Fuchs wohnt. Ich liebe Neuruppin, wenn ich in die Stadt komme, geht mir das Herz auf. Drüben bin ich nicht warm geworden. Die waren komplett anders. Nach Feierabend machte jeder seinen eigenen Scheiß. Wenn wir im Osten Lagerfeuer entzündeten und Gitarre und Bier auspackten, hockte sich der Wessi vor die Glotze. Oder zählte hinter verschlossenen Türen sein Geld.

DISCOFIEBER

KALLE • Olli wollte sich Mitte der 90er ein Haus in Neuruppin kaufen. Der Imbisswagen war Geschichte. Als ich einmal bei seinem Vater anrief, sagte er: »Olli ist im Fitnessstudio, hier ist die Telefonnummer.«

Ich rief gleich an: »Mensch, du hast ein Fitnessstudio?«

»Ja, wann kommst du wieder vorbei?«

»Na ja, nächste Woche. Olli, was ist mit dem Haus?«

»Wir machen jetzt eine Diskothek.«

Da hatte ich Bock, mitzumachen. Olli war begeistert, ich zog nach Neuruppin, und zusammen haben wir ein halbes Jahr lang die Räume komplett saniert und umgebaut. Während der Bauphase arbeitete ich nebenbei im Fitnessstudio und übernahm dort die Spätschicht. Seine Schwester hat die Frühschicht geschoben. Wenn auf dem Bau Feierabend war, fuhr ich ins Fitnessstudio und habe bis abends um zehn gewuselt. Ich war jung, und mein Leben bestand nur aus Arbeit.

Das Fitnessstudio habe ich Olli später abgekauft.

ECKI • Ich bin mit 14 aus der Schule und fing eine Lehre an. Mit 15 war ich wieder daheim bei Muttern in Neuruppin und lernte die Spezialisten kennen: Olli, Joschi, Franky. Besonders mit Franky war ich schon als Kind befreundet. Mit ihm bin ich um die Häuser gezogen.

So eine intensive Freundschaft, die wir heute noch pflegen, hat Seltenheitswert. Das kam nicht bei jedem gut an, wurde falsch verstanden. Wir sind zusammen durch dick und dünn gegangen, gerade das machte vielleicht vielen Angst und führte dazu, dass man uns als Mafia bezeichnete. Heute beneiden uns diese Menschen und denken: Schade, dass ich nicht auch so einen Freundeskreis habe.

Als Olli um 1993 durchstartete, saß ich bei allen Aktionen und Ereignissen mit im Boot, aber eher so im Hintergrund. Olli wollte der Welt seinen Willen aufdrücken.

Als er das Fitnessstudio aufmachte, war ich jeden Tag dort. Die Diskothek hab ich mit aufgebaut, mal den DJ gegeben, im Club 019, der gehörte aber jemand anderem. Ich war Türsteher da und dort. Wo Olli war, traf man auch mich. Eine Tätigkeit im bürgerlichen Sinne kam für mich nicht mehr infrage, ich wurde eine Nachtgestalt, eine Figur der Neuruppiner Unterhaltungsbranche. Immer mal wieder offiziell gearbeitet, dann wieder arbeitslos.

RALLE • Ich betrieb weiter meine Gaststätte und kümmerte mich bissel um die Automaten, die anderen beiden auch. Bald kam die erste Spielhalle in Aschersleben dazu. Aber so richtig lief das nicht. Meine Automatenstelle war die beste, mit Abstand. Wegen der ständigen Investitionen für neue Automaten verdienten wir nichts, mussten Kredite aufnehmen und Wechsel bei Automatengroßhändlern unterschreiben. Und Steuern mussten ja leider auch gezahlt werden. Ich würde sagen, wir waren alles in allem brave Jungunternehmer. Das große Geld kam nicht zusammen, also schauten wir parallel, was noch so möglich war.

Eine große, moderne Diskothek fehlte in Neuruppin. Für

1000 Leute und nur am Wochenende offen. Hab ich mich also mit Olli hingesetzt und überlegt: Boah, was könnte man damit verdienen? Bestimmt bringt jeder Besucher zehn Mark Umsatz, mal 1000, sind gleich 10 000 Mark. Nicht übel. Das war ziemlich viel Geld, mit meiner Kneipe nahm ich 6000 im Monat ein, davon blieben mir 1500.

Also probierten wir es halt. Das war immer so toll an Olli, wenn er eine Idee hatte, packte er es mit dem nötigen unternehmerischen Willen an. Also rumgereist und geschaut, wie sieht eine erfolgreiche Großraumdisco im Westen aus. Dann bei uns ein Objekt besorgt und ausgebaut.

Wir haben lange gebraucht. Ungefähr ein Jahr. Dank Ollis großem Bekanntenkreis kam er immer an Arbeiter ran, doch irgendwann konnten wir uns die nicht mehr leisten. Dann hat Olli sie motiviert: »Passt auf, wir ziehen das jetzt durch. Irgendwann läuft das Ding, und dann bekommt ihr alle euer Geld.« Da war Olli in seinem Element, er war der perfekte Redner, Überzeuger, Verkäufer. Und wir haben es hingekriegt – ein Versprechen war für uns eine Verpflichtung.

Weil ich bereits ein Gaststättengewerbe samt Gastroschein hatte, wurde die Disco über mich angemeldet. Joschi und Olli waren still beteiligt. Im Prinzip wusste aber jeder, dass Olli und Joschi die Disco machten. Ich hatte Freundin und Kind und war keine Nachteule. Durch meine Erfahrung mit der Gaststätte wusste ich, dass Diskotheken gern von Brauereien gesponsert werden. Wir hatten Glück, eine Brauerei sprang darauf an. Aber der Brauereivortrag reichte nicht, wir brauchten noch 30 000 Mark für die Licht- und Tonanlage. Wir also zur Bank, und die hat uns tatsächlich ein Darlehen gegeben.

Das YOYO war ein neues Kapitel. Mit den Jungs was Großes zusammen aufzuziehen, das hat richtig Spaß gemacht. Die Eröffnung war fett. Freibier und gute Laune, breites Grinsen in unseren Gesichtern, wir waren stolz. Die Leute nahmen die Disco super an. Das YOYO brummte vom ersten Tag an, sodass ich mich von meiner unrentablen Kneipe trennen konnte. Hab nicht viel dafür bekommen, und bei meinem Nachfolger lief es nicht besser.

Die Disco ist dann für einige Zeit ein Bombenerfolg gewesen. Statt zehn Mark Umsatz nahmen wir im Schnitt sogar zwanzig Mark pro Person ein, es kamen regelmäßig siebenhundert Leute. Unsere DJs spielten die gängigen Hits, daneben veranstalteten wir musikalische Mottoabende, Schlammcatchen, Misswahlen, alles, was eine Kleinstadt damals liebte. Unsere Disco war für jedermann und jedefrau, Unterhaltung für Jugendliche und Junggebliebene, ein Bereich mit rustikalen Bauernmöbeln, ein Abschnitt im American-Diner-Style. Ein anderer Raum mit Ledercouches zum Chillen, an die Wand gesprüht tanzende Paare, ein amerikanischer Oldtimer, die Freiheitsstatue. Olli hat den Einlass gemacht, der kannte jeden und konnte gut mit den Leuten. Ein bisschen Small Talk, da haben sie sich sehr wohlgefühlt. Ich hatte mich ein bisschen zurückgezogen und kümmerte mich um die Abrechnungen.

Nach zwei Jahren ebbte es dann irgendwie ab. Wir haben die Disco um- und ausgebaut, doch es war der Wurm drin, wir haben nie wieder den Anschluss gefunden. Olli und Joschi sind raus, ich hab probiert, die Disco am Leben zu halten. Aber keine Chance, das lief schlecht, ich hab sie um die Jahrtausendwende abgegeben. Heute wird das Gebäude als medizinisches Labor genutzt.

Mit dem späteren Drogending hatte ich nichts zu tun,

obwohl die Drogen erstmals durch die Disco auftauchten. Aber damals waren Drogen bei uns nie ein Thema. Ganz im Gegenteil. Alles lief legal. Dealer wurden sogar rausgeschmissen. Ich hatte mal an der Ostsee gekifft und hab das schon nicht vertragen. Ich wurde nie gefragt, ob ich ins Drogengeschäft einsteigen wolle – Gott sei Dank.

OLAF KAMRATH • Als die Discogeschichte begann, probierten Joschi und ich zum ersten Mal Drogen. Im Partymilieu kamen wir schnell mit Leuten zusammen, die konsumierten. Ich kümmerte mich um den Einlass, und anfangs haben wir in unserer Disco die Ordner angewiesen, hart gegen Dealer vorzugehen. Wer mit Drogen erwischt wurde, flog raus. Aber das konnte man nicht lange halten, weil plötzlich sehr viele junge Leute Drogen konsumierten. Die kamen von nah und fern. Aus Potsdam, Brandenburg, Hennigsdorf, die Parchimliga, Berlin, Oranienburg. Auch solche mit Marschpulver für die Nacht im Gepäck. Die waren alle bei uns, in dieser sehr, sehr wilden Zeit. Ob spätere Hells Angels oder Bandidos, alle kannten unsere Disco. Alle bösen Buben wurden über Nacht unsere guten Freunde. Sie haben bei uns gefeiert und gedealt.

Fünfhundert Leute am Freitag, fünfhundert am Samstag und Mittwoch vierhundert. Drei Tage in der Woche offen, circa zwanzig Mark pro Kopf plus Eintritt, macht 40 000 pro Woche, macht 160 000 im Monat. Die Disco gehörte mir, Joschi und Ralle. Die Automaten betrieben wir auch zu dritt. Kalle aus Schwerin lieferte häufig die neuesten Filme und Musik-CDs zum Spezialpreis. Schnell stieg er als Ordner in der Disco ein und zog nach Neuruppin. Ich machte mit Kalle gern die Tür.

Obwohl ich in einer Beziehung lebte, führte ich ein Lotter-bubenleben. Ich war seit 1990 mit Ariane zusammen, am 21. Mai 1998 wurde unser Sohn Philipp geboren. Eigentlich wollte ich nach der Geburt von Philipp in der Kleinfamilie aufgehen. Aber die Abenteuer des Nachtlebens waren einfach zu mächtig. Ab sofort war immer Party. Angesagt waren tolle Läden in Perleberg und Parchim, wo auch mehr als fünfhundert Leute reinpassten. Dort waren wir oft anzutreffen. Irgendwo war immer was los. Ich suchte den Kick für den Augenblick, vielleicht auch den Sinn des Ganzen. Ich hatte Angst, etwas im Leben zu verpassen, ich konnte nicht allein sein und brauchte immer Unterhaltung, musste ständig unterwegs sein, konnte nicht rasten. Der Richter sagte später, er könne sich nicht vorstellen, wie ein Mensch das alles gleichzeitig tat.

JOSCHI • Das erste Mal mit Koks in Berührung kam ich, als wir das Fitnessstudio besaßen. Ein Typ, den wir aus dem Fußballzusammenhang in Berlin kannten, besuchte uns mit seiner neuesten Errungenschaft, einem Eiswagen. Doch statt Eis gab es weißes Pulver. Er packte es irgendwann auf den Tisch und bot uns ein Pröbchen an. Gott bewahre, keine Drogen! Wir waren brave Provinzler, unsere einzige Droge hieß Alkohol.

Aber als wir die Disco machten, ging es richtig los, die Drogenwelle ist wie ein Tsunami über Neuruppin rübergeschwappt. Anfangs Speed und Ecstasy, später das ganze Programm: Hasch, Pillen, Koks. 1993 oder 1994 hat mir ein Kumpel eine Line gelegt, und ich schlug zu. Wir hatten die Disco abgeschlossen, ich konnte nicht schlafen und hab mit dem Kumpel noch Playstation gezockt. Er hat die Lines gelegt, ich war durch den Alkohol willenlos und probierte, was, glaube ich, Speed war. Dann hat das aber so geknallt. Bamm, bamm, bamm. Ich dachte, was öffnen sich hier für Türen in meinem Kopf. Meine Gedanken schossen in ungeahnte Sphären, ich fühlte mich stark und mächtig, turnte im Dreieck und erzählte dem Typen mein halbes Leben. Wir ballerten das Zeug rein, bis nichts mehr da war.

Ich war der Erste aus der Gruppe, der was nahm. Bei Olli begann es später. Wir hielten das voreinander geheim, weil wir es wahrscheinlich immer noch als etwas Schmutziges ansahen, Kinder vom Bahnhof Neuruppin wollten wir nicht werden.

Ich ließ die geschäftlichen Sachen etwas schleifen und gab mich dem süßen Leben hin. Das war die Zeit, als Kalle dazustieß, wahrscheinlich sah Olli mich nicht als hundertprozentig sicheren Partner, weil bei mir der Spaß im Vordergrund stand. Olli war viel zielstrebiger. Er wusste immer, was er wollte, ich verlor mich gern mal unterwegs.

Nach zwei Jahren lief die Disco dann nicht mehr so. Zwar brachten die Automaten einiges ein, für meinen ausschweifenden Lebenswandel reichte das aber nicht. Olli griff mir immer mal unter die Arme, er war da schon richtig im Koksgeschäft, anfangs nur mit Kalle. Ein guter Freund aus Oranienburg hat Olli daraufhin ins Gebet genommen, warum er mich, seinen alten Kumpel, außen vor lasse. Danach kam Olli auf mich zu und bot mir an, einzusteigen. Ende der 90er waren Olli, Kalle, Franky und ich die vier Männer an der Spitze.

DER PUFF

FRANKY • Etwa bis 1992 ackerte ich bei meiner Schwester auf dem Rummel. Beim Truckertreffen in Wittstock ging ich abends mit einem 15-jährigen Ferienjobber Billard spielen. Beim Verlassen der Spielo wollten die Wittstocker Glatzen dem kleinen Aushilfsjobber auf die Fresse hauen. Er konnte flüchten, ich lieferte mir mit den Glatzen einen Straßenkampf, den ich nicht gewinnen konnte.

Schädelriss, doppelter Nasenbeinbruch, dritter und vierter Lendenwirbel angeknackst, Pfoten kaputt, Rippen durch. Ich hatte schlagartig keinen Bock mehr auf die Arbeit auf dem Rummel, war zudem mit meinem Schwager verstritten und bin über Nacht mit meinem Wohnwagen verschwunden. Nach Templin zu einem Kumpel, der in der DDR auch politisch inhaftiert war, ein Verrückter. Ich musste Geld verdienen, also leierten wir ein paar Schiebergeschäfte an: Toilettenwagen von den LPGs gekauft und wieder verscheuert, runderneuerte Reifen vertickt, allen möglichen Kram verrubelt. Hat aber nicht viel eingebracht. Dann kamen wir auf die Idee, einen Puff aufzumachen. Nebenbei arbeitete ich auf einem Campingplatz und wohnte auch dort. Im Puff arbeiteten Mädels aus Osteuropa. Das war eher so ein Ding zwischendurch, kein Big Business.

OLAF KAMRATH • Als die Disco lief, sind wir auf die Idee mit dem Puff gekommen. So was gab es in Neuruppin noch nicht. Wir kannten diverse Leute aus dem Milieu, Zuhälter aus Hamburg trainierten manchmal in unserer Muckibude, und Frauen, die irgendwo anschaffen gingen, kannte ich viele. Auch in Neuruppin verdienten sich einige als Nutten was dazu, meist brave Mädchen oder Hausfrauen, die ihren erhöhten Lebensstandard finanzieren mussten. Ein kleiner Pornostar war auch darunter. In der Nacht fand sich allerhand buntes Volk zusammen.

Als wir ein paar interessierte Frauen hatten, suchten wir ein Gebäude. Kalle war auch schnell begeistert, und ein Haus zum Ersteigern fand sich. War vorher eine Gaststätte. Bechliner Chaussee 153, bisschen außerhalb von Neuruppin, wenn du Richtung Autobahn bei McDonald's vorbeifährst auf der rechten Seite. Der Club 153 war sehr schnell sehr bekannt, es gab einen riesigen Bedarf. Alles lief illegal, offiziell war er eine Gaststätte mit Zimmervermietung. Unten eine Bar, die Mädels hatten sich oben eingemietet. Anfangs viele rumänische Frauen. Der Prostitution durften sie nicht nachgehen, aber es wurde geduldet. Binnen Kurzem kannte jeder den Puff, auch die Bullen. Neuruppiner aus allen möglichen Schichten waren dort anzutreffen. Nach jeder Stadtverordnetenversammlung herrschte reges Treiben. Der Bürgermeister war nicht da, aber vielleicht ein Verwandter? Wenn es darauf ankam, wusste es keiner.

Meist war mein Mitbesitzer Kalle vorn, ich habe hinten gesessen. An der Tür sorgte ein Aufpasser für Ordnung. Mit Ralle und Joschi gehörten mir die Disco und die Automaten. Mit Kalle machte ich anfangs den Puff, später hatten wir Leute dafür. Hinter der Bar stand die dicke Eva, keiner hat optisch besser reingepasst. Sie war ein gut bestücktes Mädel, ihr Dekolleté war für den Bordellbetrieb eine begnadete Reklame.

Angefangen hatten wir mit zwei Frauen. Hat aber nicht gereicht. Die Frauen sprachen ein wenig Deutsch, wir behandelten sie korrekt, sie besaßen alle Schlüssel für ihre Zimmer und konnten kommen, wann sie wollten. Wir nahmen ihnen nicht die Pässe ab, es war keine Zwangsprostitution. Die beiden Rumäninnen kamen über eine türkische Connection, die Türken verdienten am Anfang mit. Die Frauen blieben immer drei Monate, dann mussten sie zurück nach Weißrussland, in die Ukraine oder nach Rumänien und ein neues Touristenvisum beantragen. Zu Hochzeiten arbeiteten im Puff sechs, sieben Frauen.

Ich war nie rabiat zu Frauen. Wir waren alle charmant und sahen Frauen als etwas Wertvolles an. Das Klobige, das Gemeine, das Frauenverachtende kam von Zuhältertypen.

Als Kalle wegen einer linken Nummer ein halbes Jahr in U-Haft saß, übernahm ich vertretungsweise wieder den Puff. Die Staatsanwältin sagte später zu mir:

»Böse Zungen behaupten, Sie hätten mit dem Puff auch etwas zu tun!«

»Ich doch nicht.«

»Wagen Sie es nicht, den Laden wieder aufzumachen!«

»Nein, wieso?« Der Laden war da natürlich schon lange wieder auf.

Später übernahm Muju den Laden, ich war dann nur noch der Vermieter und nahm eine etwas erhöhte Miete. Muju war Dealer und ein guter, kräftiger Freund, auf den man sich verlassen konnte.

FRANKY • Die Neuigkeiten aus Neuruppin häuften sich. Erst kam die Disco, dann hatten sie auch schon ein Haus für 'nen Puff am Wickel. »Franky, weißt du nicht, wie man das macht?« Olli hat mich irgendwie dazu überredet. Ich baute den Puff aus, weil ich wusste, wie so ein Puff auszusehen hat. Mein damaliger Schwiegervater war in unserer Ecke immerhin der erste Bordellbetreiber nach der Wende, auch ein Schausteller. Ich imitierte seinen Puff und hatte eine Tante drin sitzen. Ich hatte meine Mädels in Neuruppin, in Templin und in Stegelitz bei Prenzlau. Illegal selbstverständlich. Dann gab es eine Razzia in Templin, der Laden flog auf, und ich wurde wegen Beihilfe zur Förderung der Prostitution mit Tateinheit Zuhälterei verurteilt.

Nach meiner Haft betrieb ich eine Kneipe in Eberswalde, den Billardpub. Olli hat das Teil mit Automaten zugebaut, dazu zwei Billard-Turniertische. Ich ließ sogar einen Weltmeister aus Amerika einfliegen. Der *RBB* berichtete, war eine geile Sache. Dann habe ich 1998 den zweiten Laden in Neuruppin aufgemacht, Frankys Bar, und bin, wie alle, in die Schäferstraße gezogen, direkt über meine Kneipe.

In Eberswalde ging die Kneipe den Bach runter, mein Publikum bestand größtenteils aus Glatzen. Ich hatte dort Theater mit einem besoffenen Stammkunden. Ich schmiss ihn raus, er kam mit einer Machete zurück und schlug auf mich ein. Ich legte den Rückwärtsgang ein und sagte den Leuten in meiner Bar: »Das hat er nicht umsonst getan.«

Ich gab ihm 14 Tage Zeit, sich bei mir zu entschuldigen. Bliebe das aus, hätte er den letzten Furz geröchelt. Die 14 Tage sind vergangen, ohne dass er ankam. Ich dachte, wenn ich das durchgehen lasse, tanzen die mir auf der Nase rum. Ich rief die Jungs in Neuruppin an. Olli kam mit 'ner

Truppe von sechs Mann mit Baseballschlägern, Quarzhandschuhen und Sturmhauben. Er wohnte schräg gegenüber der Kneipe. Ich glaubte zu wissen, dass er sich die Bude mit ein paar Glatzen teilte. Ich klingelte, der Typ machte die Tür auf, »Hey, Franky«, und ich gab ihm einen Elfmeter, wedelte mit dem Baseballschläger. Er pisste sich vor Angst ein.

»Entschuldigung, entschuldigung!«

»Du hattest 14 Tage Zeit, warum hast du dich nicht vorher entschuldigt? Idiot, muss ich hier so ein Ding abziehen? Ich möchte das doch nicht, ich hätte dich gern als Stammkunde behalten. Also pass auf, heute hat keiner auf die Fresse gekriegt, ist komplett vergessen. Und du kommst wieder bei mir in die Bar, alles ist gut, wir reden nicht mehr drüber.«

Leider kam es zu keinem Wiedersehen – zwei Tage später sprang er aus dem Fenster seiner Wohnung. Oder fiel.

Am Tag danach kam ich in meine Kneipe, und alle waren ungewöhnlich nett zu mir. Zu dem Zeitpunkt wusste ich noch nicht, dass er aus dem Fenster gerasselt war. Sie dachten, sie wären die Nächsten, die durchs Fenster fliegen könnten. Das hat mir dann nicht mehr gefallen. Handwerker rein, und zackibumbeng hieß der Laden Blue Banana, mit DJ-Pult, Tanzflächen und so weiter. Sah super aus. Um die Glatzen loszuwerden, lud ich eine afrikanische Band ein und deklarierte meinen Laden zum offenen Fluchtort für verfolgte Ausländer. Der Suppenküche für Arme spendete ich ein Auto samt Versicherung, und ich engagierte mich bei einem Konzert gegen rechts. Dazu lud ich auch den Bürgermeister und den Polizeipräsidenten ein, die kamen aber leider nicht. Dafür kamen ein paar Tage später linke Demonstranten vorbei, um am zehnten Jahrestag des Neonazimordes an dem Angolaner Amadeu Antonio Kiowa gegen Rechtsextreme in

Eberswalde zu demonstrieren. Die waren ganz überrascht, dass der neue Laden sich nun eindeutig gegen Nazis positionierte. In den 90ern ging es ruppig zu.

Aber zurück zum Puff. Hübner arbeitete da gelegentlich aushilfsweise als Mädchen für alles. Manchmal erschien ein Gast, vor dem er Angst hatte. K. war so ein Kandidat. Schwerer Alkoholiker, stadtbekannter Stänkerfritze. Sein Zwillingsbruder das gleiche Kaliber. Im Puff gab es das Herrenzimmer, wo sich die Angestellten mal zurückziehen konnten, außerdem standen dort die Monitore der Kameras, die den Eingangsbereich und die kleine Bar überwachten. Hier saß der Securitymann und passte auf. K. läutete an der Tür, wie immer angesoffen. An dem Tag gab ich den Securitymann. Hübner kam zu mir und wollte ihn nicht reinlassen, weil er Angst hatte. Ich sagte: »Nee, du kannst ihn reinlassen, ich bin da und passe auf.« Der Stänkerfritze kam rein, und ich beobachtete ihn über den Monitor. Die Sache wurde schnell bedrohlich, sofort wollte er über den Tresen greifen. Hübner guckte Hilfe suchend in die Kamera. Plötzlich hatte der Stänkerfritze eine Flasche in der Hand. Nicht mehr lang, und es hätte geklappert. Was tun? Er sollte mich nicht erkennen, ich wollte nicht, dass er wusste, dass ich etwas mit dem Puff zu tun hatte, weil er zum Bekanntenkreis meines Vaters gehörte. Also schnappte ich mir einen Pullover, der im Herrenzimmer herumlag, und bin über den Notausgang raus. Inzwischen kam Hübner ins Herrenzimmer und stellte voll Entsetzen fest: Franky ist weg! Die Sau! Hat sich einfach verpisst! Vorne schrie der Stänkerfritze, und Hübner ist zurück zum Tresen.

Ich öffnete leise mit meinem Schlüssel den Haupteingang

und schlich durch die Tür. Ich signalisierte Hübner, dass er die Schnauze halten sollte. Ich nahm den Pullover, schlang ihn dem Wüterich von hinten um den Kopf und habe beide Ärmel verknotet. Er sollte mich ja nicht erkennen. Dann zog ich ihn rückwärts vom Barhocker, gab ihm einen Elfmeter aus der Abendkasse, zerrte ihn nach draußen und bin wieder rein. Tür zu, und ab zum Monitor. Der Typ versuchte, sich vom Pullover zu befreien und torkelte dabei immer weiter auf die Straße. Ein vorbeifahrender Lkw verfehlte ihn nur knapp. Er bekam endlich den Pullover vom Kopp, schaute ihn sich an, nickte anerkennend, warf sich den Pullover über die Schulter und wackelte davon.

Tage später traf ich ihn mit seinem Vater und meinem Vater friedlich Bier trinkend. Irgendwie kam das Gespräch auf den Puff. Der Typ sagte zu seinem Vater: »Alles Idioten, die da reingehen! Niemals würde ich da rein und fürs Weiberficken bezahlen, die müssten mich bezahlen, höhöhö!« Ich lächelte in mich hinein. »Ich och nicht«, sagte sein Vater, und mein Vater und ich nickten zustimmend. Insgeheim waren sie alle bestimmt schon Gast im Puff gewesen, meistens nicht ganz nüchtern.

Das Zimmer kostete hundertzwanzig Mark. Davon musste man siebzig am Tresen abgeben. Zwanzig bekam der Lude, fünfzig blieben im Haus. Wenn ich die Frau selbst besorgt hatte, bekam ich von ihr zehn Prozent vom Gewinn extra.

Hübner spendierte ich zum Geburtstag mal eine Nacht mit einer Prostituierten bei sich daheim, das hat der mir nie vergessen. Vor Gericht sagte er nicht gegen mich aus: »Ich kann mir gar nicht vorstellen, dass Franky damit was zu tun hatte.« Dafür hat er Olli und sogar den immer freundlichen Joschi angeschissen.

KALLE • 1998 gab es eine Razzia im Puff. In der Folge saß ich für ein halbes Jahr ein. Sie hatten die Barfrau verhaftet und den sogenannten Türsteher, der ihr Freund war. Danach wurde der Haftbefehl auf mich erweitert. Das waren damals böhmische Dörfer für mich, andere wären vielleicht abgetaucht, wären womöglich schlauer gewesen. Um die Uhr zu umschiffen, war Abtauchen ein probates Mittel.

Am Abend der Razzia arbeiteten vier Prostituierte im Puff. Maximal waren dort sechs am Start, es war ein kleiner Laden. Die Frauen kamen meistens aus Osteuropa. Deutsche Frauen hatten wir selten, ab und zu tingelte eine über die Dörfer und landete bei mir. An die Frauen kam ich über Mittelsmänner. Wir nahmen ihnen nicht den Pass ab, das lief korrekt, sie hätten jederzeit gehen können. Manche taten das, dann besorgte ich eine neue. Sie bewegten sich frei in der Stadt, wir behandelten sie respektvoll. Einige sind regelmäßig nach Hause gefahren, wenn ihr dreimonatiges Touristenvisum abgelaufen war. Dort besorgten sie sich ein neues Visum und kamen wieder zu uns zurück. Sie durften die Hälfte des Lohns behalten, sie verdienten bei uns 6000 bis 7000 D-Mark, zu Hause wahrscheinlich gerade mal dreihundert. Das war für die also ein Bombengeld. Bestimmt kassierte noch ein Zwischenhändler mit, aber beschwert haben die Frauen sich jedenfalls nie.

Als ich rauskam, gab es Geldbedarf. Ich lebte gesund, keine Drogen, kein Nikotin, nur Sport und Alkohol.

SPIELHÖLLEN

OLAF KAMRATH • In Aschersleben hatten wir 1996 die erste Spielothek eröffnet. Dann kam Neuruppin, die Spielothek am Kino. Dann Eberswalde, Oranienburg, Bautzen, eine zweite in Neuruppin. 2000, 2001, 2002 ging es Schlag auf Schlag. In diesem Zeitraum haben wir richtig Gas gegeben. Auch, weil wir nun Kredite von Banken bekamen. Bis 2004 hatten wir Mietverträge für acht weitere Läden unterschrieben.

Die Spielotheken gehörten unterschiedlichen Personengruppen, die meisten bis 2002 Ralle, Joschi und mir. Gekümmert haben wir uns gleichermaßen, die Aufgaben waren verteilt. Ich war für die Planung zuständig, organisierte die Finanzierung, handelte Mietverträge aus und holte bei den Ämtern die Genehmigungen ein. Beim Kassieren des Gewinns wechselten wir uns ab. Daneben hatten wir an allen Standorten Personal zum Betreiben der Spielotheken und einen mobilen Monteur, Hübner. Später ein Kronzeuge gegen uns. Ralle kümmerte sich um Personal und Abrechnungen.

Die Tokenautomaten waren Ende der 90er der heißeste Scheiß. Alle Automatenbetreiber haben, wenn ihr mich fragt, beschissen. Tokenautomaten waren reine Vergnügungsspiele ohne Geldgewinnausschüttung. Sie warfen bei Gewinn nur

Spielmarken zum Weiterspielen aus. Diese Token hatten bei uns und in vielen anderen Casinos einen heimlichen Wert von fünf Euro. Weil die Gewinne der Spieler nicht registriert wurden, konnte man den Gewinn nicht staatlicherseits abschöpfen. Tatsächlich bekamen wir diesen Tipp von einem Mitarbeiter der Automatenfirmen. Jeder Automatenaufsteller betrieb wohl sein heimliches Tokengeschäft. Andernfalls hätte an den Tokenteilen keiner gespielt. Der Gewinn bei Tokenautomaten war minimal höher, deshalb wurde von den Zockern fast nur an diesen Teilen gespielt. Vor Gericht wurde daraus ein Straftatbestand im Rahmen der uns vorgeworfenen Bandenkriminalität.

Du spielst am Automaten, gewinnst bei einer gewissen Kombination und kriegst 1000 Punkte. Diese 1000 Punkte kannst du in einen Token umtauschen und ihn dir auszahlen lassen. Der Automat spuckte beispielsweise einen Chip mit einer geprägten Sonne aus. Bei uns war die Prägung das eigene Logo: KDS. Damit wussten wir, das sind unsere Weiterspielmarken.

Wir hatten in jeder Spielothek sechs Tokenautomaten und sechs Spielautomaten, 15 Quadratmeter Fläche pro Automat. Wir hatten überall eine Zwölferkonzession, durften also zwölf Teile aufstellen. Die Gewinne der Geldspielautomaten wurden von uns ordnungsgemäß versteuert. An den Tokenautomaten prangte der Hinweis: »Das Umtauschen von Weiterspielmarken ist nicht gestattet.« Heute gibt es diese Tokenautomaten nicht mehr. Aber Ende der 90er, Anfang der 2000er war das für Casinobetreiber ein richtig gutes Geschäft.

FRANKY • In meiner Bar arbeitete manchmal Michi als Aushilfskraft. Er war nett und freundlich. In Neuruppin gab es zwei stadtbekannte Lesben. Beide sind rumgelaufen wie Männer. Beide waren angesehene Schlägerinnen, schon seit Ostzeiten, wusste jeder. Sie waren okay, aber wehe, du hast sie beleidigt. Sie kamen ab und zu auf ein Bier vorbei. Sie kommen also rein, Michi am Tresen, ein Typ am Automaten. War einer von Ollis Automaten, der Token als Gewinn ausspuckte, den die Tresenkraft in Euro umtauschte. Michi kannte diese Abmachung aber nicht. Also rief er mich an.

»Franky, ich hab hier zwei Tucken, was soll ich jetzt machen?«

Das Theater war groß. Die Mädels wollten ihn über den Tresen ziehen. Der Typ am Spielautomaten sprang Michi zur Seite, und sie klärten die Frauen über das Wort »Token« auf, das aus Michis Mund in ihren Ohren nach was anderem geklungen hatte. Ich bin dann gleich runter, und zum Schluss haben wir alle gelacht.

Generell ging es in der Kneipe oft sehr lustig zu. Einmal konnte eine Olle ihre Rechnung nicht bezahlen. Ich sagte: »Dann musste blankziehen.« War ein Witz, ich hätte sie auch ohne zu bezahlen gehen lassen. Sie aber legte los. Sah richtig gut aus. Das Geschrei war groß. Jeder legte was auf den Tisch, sie bezahlte die Rechnung und ging mit einem Lachen aus der Kneipe. Ich rief nett hinterher: »Du kannst jederzeit wiederkommen.«

OLAF KAMRATH • Der Staat geht immer mehr gegen private Spielhallen vor – fiese Doppelmoral. In den eigenen, offiziellen und großen Spielcasinos darfst du Alkohol trinken. Dort kannst du Tag und Nacht spielen. Bei Spielothekenunternehmern holt man dagegen die große Keule raus, das ist dann gefährliches Glücksspiel. Jugendschutz und keinen Alkohol ausschenken. Nicht an zwei Automaten gleichzeitig spielen. Im staatlichen Casino kannst du machen, was du willst. Die Spielotheken verteufeln sie, online kann jeder zocken ohne Ende. Es fragt keiner, ob du mit Drogen vollgeknallt vor dem PC sitzt oder alkoholisiert bist. In der Spielothek darfst du heute nicht mal Kaffee umsonst ausgeben.

Früher konnte man die Spieler mit Freigetränken versorgen und damit halten. Heute wird jeder erst mal geprüft, ob er irgendwo gesperrt ist. Das Personal muss sich schulen lassen, um Spielsüchtige erkennen zu können. Wir besaßen eine Automatenaufstellerlaubnis, unser Führungszeugnis musste sauber sein.

Anhand der Abhörprotokolle dachte die Staatsanwaltschaft, wir hätten illegale Chips verwendet. War nicht so. Bei den abgehörten Telefonaten ging es um eine Jackpotstation, wo ein Elektriker diverse Automaten miteinander verkabeln sollte. Vor Gericht mussten sie unbedingt mit dem Vorwurf des illegalen Glücksspiels durchkommen, andernfalls hätte die Staatsanwaltschaft uns sofort die beschlagnahmten Automaten und Gewerberäume zurückgeben müssen. Ja, es war illegal, aber es war eine Ordnungswidrigkeit.

Irgendwann wurden die Automaten wieder an Ralle rausgegeben. Er betrieb die Spielhallen weiter, ein paar konnte er halten, ein paar musste er abgeben. Drei Spielhallen besaß er noch, bis er von seinem Kompagnon betrogen wurde, auf den er zwei übertragen hatte. Er hatte einen reingenommen, weil er wegen der noch offenen Ermittlungen gegen sich kein Gewerbe betreiben durfte. Aus meiner Familie wollte niemand.

»Guter Name gegen gutes Geld, bis zu 5000 im Monat. Machst du es, oder machst du es nicht?« Ralle zeigte dem kleinen Hühnerdieb alle Tricks, nannte die Verbindungsleute, die Techniker. Ralle kaufte mit ihm zusammen noch ein Haus, und später hat der kleine Hühnerdieb das Haus verkauft und wollte Ralle, der offiziell nichts verdienen durfte, nicht die Hälfte abgeben. Am Ende sagte der Hühnerdieb: »Ich hab keinen Bock mehr auf die Spielhallen. Du kannst mir die drei für 400 000 abkaufen.«

»Wieso? Eine gehört doch mir.«

»Nein.«

Nach meiner Entlassung aus dem Knast ließ ich den Hühnerdieb ins Büro kommen. Leicht verspätet klärten wir das Problem. Ralle hatte aber Glück. Der Eigentümer des Gebäudes, in dem sich die Spielhalle befand, war ein guter Freund. »Ach, der Hühnerdieb hat vergessen zu verlängern?« Gleich gekündigt. Damit hatten wir die erste Spielhalle, die wir weiterverkaufen konnten. Er hat's nie eingesehen, bis zum Schluss nicht. Ihm wurde gekündigt, er musste raus mit den Maschinen, und ich bot ihm 6000 Euro für die Automaten.

»Nein, die sind zwanzig wert.« Nach einer Weile dann: »Gut, ich würde für 6000 verkaufen.«

Da wollten wir aber nicht mehr.

Am 29. Juli 1998 tauchte Conny in meinem Leben auf. Sie war 21, ich 35. Mit Ariane war Schluss, und mit Conny traf ich die Frau meines Lebens. Bevor ich mich in Conny verliebte, hatte ich eine Zeit ständig wechselnde Bekanntschaften.

Ich war Bordellbesitzer, Diskobetreiber und Automatenaufsteller. Conny lernte nach dem Abi Hotelfachfrau. Wir aßen immer zu Mittag in ihrem Ausbildungshotel. Ich sah sie und verliebte mich sofort. Conny wollte mich anfangs nicht. Ich bin wieder und wieder im Hotel essen gegangen. Nach einem Monat erhörte sie mich, und ich durfte sie nach Berlin einladen. Während des Abends tischte ich ordentlich auf und ließ sie ein Reiseziel aussuchen. Paris, London, New York. Sie lehnte alles ab. Ich blieb hartnäckig und kam weiter zum Essen ins Hotel.

Als ich meinen Führerschein einen Monat abgeben musste, fragte ich sie, ob sie mich nach Berlin fahren könne. »Nein.« Später rief sie mich aus der Badewanne an und sagte, sie mache es doch. Ich hatte bei dieser Fahrt ein Kilo Koks dabei. In jeder Seitentasche meiner Cargohose fünfhundert Gramm. Ich war seit ein paar Monaten Kokainhändler, und in jener Nacht traf ich Ruffi im Wedding. Für mich war die Koksdealerei ein Abenteuer. Auch vor Conny hatte ich kein schlechtes Gewissen.

CONNY • Ich zog 1991 mit meinen Eltern nach Neuruppin und beendete hier das Gymnasium. Als Olli 1998 das erste Mal auftauchte, war ich 21. Ich machte in einem Hotel eine Lehre, und er war dort zufällig essen. Olli umwarb mich, aber es hat ein paar Wochen gedauert, bis es bei mir zündete. Wir trafen uns häufig, waren essen oder gingen spazieren. Irgendwann fuhren wir gemeinsam nach Berlin. Wir redeten sehr viel, über alle möglichen Dinge, und kamen uns nah. Olli ist sehr einfühlsam.

Als ich Olli kennenlernte, schwirrten ein paar Gerüchte um ihn. Ich kam aus einem anderen, braveren Freundeskreis. Ab und zu schnappte ich leicht verstörende Details auf und stellte Olli zur Rede. »Verkaufst du Drogen?« Er hat ausweichend geantwortet, ich gab mich damit zufrieden. Er hat alle kriminellen Geschichten von mir ferngehalten. Ich kam aus einem bürgerlichen Milieu. Wohltuende Normalität, die Perspektive einer Ehe und Familie. Ich war jung und unerfahren und brauchte Zeit, um hinter die Dinge, die vor meiner Nase stattfanden, gucken zu können.

Olli ist ein sehr offener Mensch, der sein Herz am rechten Fleck trägt. Er trat sehr natürlich auf, gar nicht wie ein Macker oder Kleinstadtgangster. Er fuhr einen kleinen BMW, wahrscheinlich hätte er auch einen größeren fahren können, aber ein Auto als Statussymbol war ihm nicht wichtig, das fand ich gut. Über Geld hat er nie groß gesprochen, obwohl er es liebte und auch gern viel Geld ausgab. Er behandelte alle gleich und hat sich mit jedem abgegeben, das gefiel mir.

DAS GROSSE GESCHÄFT

OLAF KAMRATH • Das Kokain kam über mich wie die jungfräuliche Empfängnis. Irgendwann im Frühling 1998 fragte mich ein Neuruppiner, ob ich nicht Koks besorgen könnte. Ich kenne doch jeden und müsste wissen, was geht. Mein erster Gedanke war: Was kann man damit verdienen? Mein zweiter: Wie läuft das ab? Dass dieser Moment von dramatischer, ja schicksalhafter Bedeutung für uns alle werden könnte, ein Game Changer, der uns alle zusammen in den Abgrund reißen würde, darüber dachte ich schlicht nicht nach.

Stattdessen machte ich mich kundig. Wir fingen mit Pillen an. Eine Ecstasypille kostete im Einkauf zwanzig Pfennig. Auf der Straße brachte sie ein paar Mark. Wenn ich also 1000 Pillen wollte, kosteten die zweihundert Mark, und ich verdiente 6000 Mark damit. Sie rissen uns die Pillen geradezu aus den Händen. Pillen und Koks kauften wir bei einem mittelgroßen Dealer, über Kontakte. Wir stellten aber schnell fest, wir brauchten mehr Koks zu einem besseren Preis. Haben also herumgefragt, herumgefragt, herumgefragt. Kalle hatte kurdische Kumpels in Berlin, einer von ihnen war bei den Black Panthers, einer türkisch-kurdischen Streetgang.

Kalles Kumpel hat uns einen Kontakt nach Amsterdam vermittelt. Wir mussten aber hin. Die Berliner Kurden warteten in Amsterdam auf uns, es war ihr Kontakt, und sie wollten als Zwischenhändler mitverdienen. Ich war das erste Mal in Amsterdam. Wir saßen im Hotel. Die Vermittler ließen sich Zeit. Dauerte ewig, ging hin und her, das erste Treffen war schlecht organisiert. Dann tauchte ein Typ auf, ein Holländer, auch ein Kurde. Waffen sah ich keine an ihm, aber später haben sie uns mal ihre Waffen gezeigt. Aus Spaß, um uns zu imponieren.

Wer bei uns ein ganzes Kilo kaufte, bekam einen besseren Preis. Detlef, unser Bowlingcenter-Wessi, bezahlte für ein Kilo 62 000 D-Mark. Er praktizierte den Drogenhandel schon seit vielen Jahren und hatte einen großen Kundenstamm in Westberlin. Er fuhr Porsche und trat großspurig auf. Dadurch fiel er uns auf. Wir hatten in seinem Bowlingcenter viele Automaten hängen und bemerkten bei einer Party komische Gestalten, die wie Kokser aussahen. Also sprachen wir ihn an.

»Brauchen wir was?«

»Ja, wir brauchen was!«

Wir hatten mehrere Großabnehmer, aber er war lange der wichtigste.

KALLE • Olli bekam eine Anfrage, ob er Koks in größerem Stil besorgen könnte. Ich hatte Koks nicht auf dem Schirm, kannte es als teure Partydroge, die ich aber nicht brauchte. Ich habe nie Kokain konsumiert, kannte aber einen Türken in Berlin, der mir Weiber für den Puff vermittelte. Ich traf ihn, und er sagte, ein halbes Kilo könne er besorgen. So ging es los.

Der Türke besorgte sein Zeug aus Amsterdam. Wir hatten keine Ahnung, wussten von diesem Geschäft bis dahin nichts, wollten der Sache aber auf den Grund gehen und sind mit dem Mann nach Amsterdam gefahren. Ich war dann mit Olli ein paarmal dort, danach hat Franky den Transport übernommen. Das lag auch daran, dass ich wegen des Puffs in U-Haft saß, also musste Olli das Geschäft vorerst allein schaukeln.

OLAF KAMRATH • Detlef, unser Westberliner Porsche-fahrer, war ein Superschlauer. Er brachte uns das Auskochen bei.

»Wir müssen das vorher auskochen.«

»Okay, alles klar.«

Wir kauften in Amsterdam neunzigprozentiges Koks. 45 Prozent wären Mister Superschlau zu wenig gewesen, er hat es weiterverkauft und wollte seinen Schnitt. Die normalen User waren mit 25-prozentigem Koks zufrieden. Wenn du das 90-prozentige geballert hättest, wärst du umgefallen. Wir waren allein schon vom Mixen, beziehungsweise von dem dabei entstandenen Staub, drauf, du hattest sofort diesen Geschmack im Mund, dieses Taubheitsgefühl. Verengter Blick, wir konnten uns nicht rühren und starrten ins Nichts, auf den imaginären Punkt. Das Zeug war schon sehr stark.

Hundert Gramm Koks in super Qualität kosteten 3200 D-Mark. Wir kochten ein Gramm mit Ammoniak aus, um die Qualität gegenzuchecken. Dafür braucht man eine Fein-waage und eine Kaffeefiltertüte. Das Erste, was wir uns in Amsterdam gekauft haben, war eine Feinwaage. Die muss noch irgendwo bei uns im Garten verbuddelt sein. Kilopaket auspacken, von oben mit einem Löffel ein Gramm Koks ab-schaben und mit der schicken Feinwaage wiegen. Ammo-niak auf den Löffel und das Gramm Koks dazu. Unter die

Flamme halten. Den Sud aufkochen. Das Kokain wird flüssig und sieht aus wie Sperma. So haben wir das Koks gebased. Ist das Gemisch flüssig, kippt man es durch die Filtertüte. Der Stoff, der in der Filtertüte zurückbleibt, weist den Reinheitsgrad des Kokains aus. Wenn die Waage dann 0,8 Gramm anzeigt, hat man eine Qualität von über achtzig Prozent. Das ist eine Qualität, die du in Deutschland auf der Straße nie bekommen wirst.

Bei 0,7 war unser Westberliner Porschefahrer hellauf zufrieden. Damit hätten wir aber kein großes Geschäft machen können, uns war klar, dass wir stärker strecken mussten, wie aber trotzdem Detlef nicht verprellen? Unter der Schicht Superkoks war der ganze Rest in schlechter Qualität. Ich presste natürlich in zwei Schichten für meinen Spezialisten, weil ich wusste, der ist ein Fastchecker. Hätte er das Päckchen umgedreht, wäre ich am Arsch gewesen. Aber da ich die Stelle vorher markierte, wusste ich, wo ich ansetzen musste. Immer an der glatten Stelle. Die Folie wie im Mafiafilm nur für ihn mit dem Messer aufgeschlitzt, ein Stück rausgenommen, in seinem Beisein getestet, wieder eingepackt und zugeklebt.

Er war zwar superschlau, aber wir waren noch ein bisschen schlauer. Er testete jedes Mal aufs Neue und war immer wieder am Arsch. Seine Kunden aber beschwerten sich nie, für die war der Stoff wunderbar, es war einzig und allein für sein Checker-Ego wichtig.

Wir kauften dreihundert Gramm Koks für 9600 Mark. Dann noch drei Kilo Gras nebst ein paar 1000 Pillen und zurück nach Neuruppin. Die Drogen holte ein Kurier für uns ab. Ein Kumpel unseres Neuruppiner Abnehmers war doof genug, das zu machen. Der hat das oft gemacht, und irgendwann wurde er natürlich erwischt. Die dreihundert Gramm Koks verschnitten wir, machten daraus sechshundert und verkloppten Koks, Pillen und Gras für circa 20 000 Mark Gewinn.

Wir hatten erst mal nur einen Großabnehmer in Neuruppin und begannen, uns ein Netz an anderen Abnehmern aufzubauen. Ab dem Zeitpunkt wussten wir, das funktionierte und brachte absurde Mengen Kohle ein. Wir wussten: Das wird künftig unser Ding sein, damit halten wir den Schlüssel zum wahren Aufstieg, zum ganz großen Luxus in der Hand.

Wir machten einen weiteren Termin in Amsterdam aus, nur 14 Tage nach dem ersten Deal waren wir wieder in den Niederlanden. Diesmal war Franky als Kurier mit von der Partie. Danach hat er alle Deals in Amsterdam klargemacht.

Schließlich hatten wir einige Großkunden und Großdealer, die für uns arbeiteten. Meine Aufgabe war die Logistik, schließlich sollte jeder Kunde glücklich gemacht werden. Einer hat bei uns immer sehr viel gekauft.

Er wurde später bei Milieustreitigkeiten erschossen.

Das Startkapital von circa 80 000 D-Mark kam von mir. Eigentlich standen Kalle und ich an der Spitze. Aber durch meine Wirkung, mein Auftreten, sahen alle in mir den Boss. Alle Mitarbeiter bezahlte ich vom Gewinn. Franky und Joschi bekamen feste Summen. Franky für eine Fahrt 3000, Joschi das Gleiche für das Mixen, und wenn er mal hundert Gramm für sich selbst brauchte, bekam er es für einen Spezialpreis. Franky ist im Monat mindestens zweimal nach Amsterdam gefahren. Er ist immer allein gefahren. Im Auto gab es ein Versteck, hinter dem Sitz. Dort hat er den Stoff mit Eukalyptus oder mit Kaffee eingepackt, damit die Hunde ihn nicht rochen.

Ich wurde in der Anfangszeit einmal auf der Hintour angehalten, mit einer großen fünfstelligen Summe. Ich präsentierte die Adresse einer holländischen Automatenfirma, die Bullen überprüften die Adresse, und ich konnte weiterfahren.

Als Mischmittel, um das Koks zu verlängern, war Edelweiß optimal, ein Abführmittel. Ist nichts Ungesundes und sehr günstig, kann man unproblematisch in der Apotheke oder bei Kaufland kaufen. Fünfhundert Gramm Edelweiß auf fünfhundert Gramm Koks, und du hattest ein Kilo.

Nachdem wir Erkundungen bei anderen Dealern eingeholt und uns in Sachen Drogenbusiness auf Stand hatten bringen lassen, besorgten wir einen Mixer, eine Waage und später eine Presse, ein großes Gerät mit Druckluft. Strom an, Presse runter. Wir hatten uns einen Block fertigen lassen, der schöne Pakete presste. Der Block war aus Metall, man konnte ihn an der Seite mit einem Inbusschlüssel auseinanderschrauben, oben eine Platte, unten eine Platte, zwei an der Seite, ein viereckiges Ding. Wir füllten das Zeug rein, legten eine Tüte drum rum, ließen sie oben ein bisschen offen, damit die Luft entweichen konnte. Platte runter. Der Stempel sank hydraulisch, war ordentlich Power drauf. Nun das Paket eine Weile setzen lassen und leicht mit einer Sprühflasche befeuchten. Wir passten gut auf, um Feuchtigkeitspunkte auf der Ware zu vermeiden. Bei unseren ersten Versuchen geriet es uns zu nass, und wir mussten es im Backofen wieder trocknen. Vorsichtig, weil es sich ab einer gewissen Temperatur verflüssigte und schmolz. Blieb es zu lang im Backofen, wurde es steinhart, und wir mussten es mit dem Hammer wieder zerkleinern. Es wurde zu unserem Tagesgeschäft, jede Woche zwanzig Hunderterpakete aufzubereiten und zu verteilen – dafür hatten wir eigens eine Wohnung angemietet. Die großen Pakete mit fünfhundert Gramm oder gar einem Kilo kamen seltener vor. Dank der Presse sahen unsere Blöcke immer gleich aus. Für die Kunden war das wichtig, es suggerierte ihnen, dass das Zeug direkt aus Holland kam. Wusste keiner, dass es von uns kam.

Geil war immer, wenn einer das Koks gelblich haben wollte.

»Das letzte war so weiß, habt ihr es nicht gelblich? Wir wollen alle das gelbliche, das knallt besser.«

»Mann, na klar. Gib mal her, gib mal her, ich tausche es um.«

Ich dann zu Real, hab gelbe Lebensmittelfarbe gekauft, den ganzen Scheiß durchgemixt und neu gepresst.

»Ich hab's umgetauscht, schau mal, wie schön gelblich es schimmert.«

Das Auge kokste mit, und der Kunde war natürlich König.

FRANKY • Rein in ein Amsterdamer Hotel, wir trafen einen Türken, der in Holland lebte. Ich zum ersten Mal in meinem Leben in Holland. Olli sagte: »Pass auf, gib Franky deine Telefonnummer, er ist dein Mann, er ist unser Fahrer. Franky, kommst du nach Holland, rufst du mit einem holländischen Prepaidhandy diese Nummer an und sagst: ›Ich will den Kuchen abholen.‹« Damit war ein Kilo Koks gemeint. Es war immer mindestens ein Kilo, meistens zwei.

Ich wurde ihm von Olli vorgestellt, das reichte dem Türken als Referenz. Später wurde er verhaftet, und sein Cousin übernahm den Job. Einmal betrog er uns um 50 000, wurde angeblich abgezogen. War uns scheißegal, wir hatten bezahlt. Im Gegenzug verlangten wir eine Presse für das Zeug, damit wir es daheim strecken, mischen und sorgfältig verpacken konnten. Er wollte erst nicht, dann machten ihm Olli und Kalle eine klare Ansage zur Zukunft unserer Freundschaft. Die musste er sich richtig gut angehört haben. Jedenfalls guckte er danach finster. Und besorgte die Presse. Eine hydraulische Presse. Hab sie in Holland abgeholt.

OLAF KAMRATH • Franky sollte einmal in Hamburg als Kurier einen Deal mit zwei Typen durchziehen, weil es in Amsterdam einen Engpass gab. Wir hatten vorher erst einmal mit diesen Typen zu tun gehabt, ein kleines Geschäft. Franky traf sie in einer Kneipe, und der eine Typ ging los, um die Ware zu holen. Der zweite blieb als Pfand in der Kneipe, aber wir hatten keine Bedenken, weil bei dem kleinen Deal alles glattgelaufen war. Da meinte das Pfand, er müsse auf die Toilette. »Alles klar.« Doch der kommt nicht zurück, ist durchs Klofenster abgehauen. Lehrgeld für unseren Leichtsinn, spätere Deals liefen nur über Bekannte oder bewährte Kunden.

Danach sind wir mit vier, fünf Mann nach Hamburg, um das Geld wieder aufzutreiben, einige von uns waren bewaffnet. Wir konnten die zwei Typen nicht finden, erfuhren aber einige Zeit darauf, dass sie auf dem Kiez auch etliche Großdealer gelinkt hatten. Irgendwann fand man ihre Leichen. Sie waren mit Kabelbindern aneinandergefesselt und durch einen Kopfschuss getötet worden. Du kannst dich nicht mit den dicken Fischen anlegen und ewig damit durchkommen.

Am Anfang waren unsere Deals alle sauber durchdacht, aber umso mehr Leute involviert waren, umso undurchsichtiger wurde es.

Franky war vom Auftreten her mehr ein Gangstertyp als ich. Ab einem bestimmten Zeitpunkt traf er unseren Mann in Amsterdam ohne die Vermittlung der Kurden. Es gab ein Haus, in dem er übernachten konnte, wahrscheinlich stand es diversen Fahrern zur Verfügung. Der Preis blieb stabil bei 32 000 D-Mark, nach der Umstellung auf Euro wurden es 15 000 Euro, in seltenen Fällen 16 000 pro Kilo.

Im Amsterdam der 90er sah das reine Koks aus wie ein Block weißer Schiefer, es glänzte leicht und war sehr hart. Wenn man es brach, sah man einzelne Schichten, wie bei Blätterteig. Oft war ein Delfin das eingepresste Logo, oder ein Dollarzeichen. Das waren die Signets der jeweiligen Kartelle in Südamerika.

Häufig bekamen wir keine Blöcke, sondern kleine Fingerlinge, die die Kuriere runtergeschluckt und im Darm transportiert hatten. Diese Köttel mussten wir ganz schön durch den Mixer jagen. Der Stoff stammte aus Surinam. Wir wurden nie zu einer Betriebsbesichtigung eingeladen. Franky pflegte den Kontakt zu den Surinamern, er wurde in deren Familie aufgenommen.

Ich selbst war vielleicht fünfmal in Amsterdam, aber nur in der Anfangsphase. Der Schmuggel war nicht meine Aufgabe. Ich war fest mit Conny zusammen und familiär strukturiert. Franky war ab 1999 der Fahrer, Kalle kümmerte sich um den Puff und die Vermietungen, ich war anfänglich für das Mixen und die Verteilung zuständig, zusammen mit Joschi. Ich mixte ein, zwei Jährchen und kümmerte mich um die Kunden, bis Joschi und Franky das Koksgeschäft übernahmen. Anfangs hab ich das gestreckte Koks in meiner Wohnung in der Karl-Marx-Straße auf dem Fensterbrett getrocknet. Als Kalle vor meiner Wohnung von Zivilfahndern wegen Förderung der Prostitution verhaftet wurde, war oben die Bude voller Koks.

In Friesack wollten mir mal zehn aufgepumpte Typen ans Leder, weil ich einen von ihnen aus Versehen angerempelt hatte und es in der Folge mit dem zu einer kleinen Klopperei kam. Ich war bestrebt, bei Auseinandersetzungen immer als Erster zuzuschlagen. Wortgefecht, eine aufs Kinn, kurz darauf kamen zehn Leute an. Alles klar, ich bekam einen Schlag gegen das Ohr und zog mich zurück. Zwei Tage später habe ich mit ein paar Freunden den Ohrschläger besucht. Ich sagte: »Komm, wir klären das, meine Freunde halten sich raus, sie sind nur mit, weil ich nicht wusste, ob du allein zu Hause bist.« Der Typ fing an zu flennen: »Bitte lass mich, es tut mir leid«, und so weiter. Sein Vater bekam das mit und beschimpfte ihn als Waschlappen. Gut, ich gab ihm eine in den Magen, und wir sind wieder los.

Eine Woche später war ich allein in Friesack, Präsenz zeigen. Alle harten Jungs guckten durch mich durch. Die Außenwirkung war mir wichtig, schließlich machten wir Geschäfte und konnten uns in der Szene kein schlechtes Image leisten.

Joschi brauchte Geld, also nahmen wir ihn später dazu. Damit waren nun Joschi, ich, Franky und Kalle an Bord. Wir waren eine Familie, wenigstens sahen wir das so. Wir hatten nie vor, eine Mafia wie in den Filmen aufzubauen, Don Corleone in Neuruppin, das spielte keine Rolle für uns. Aber natürlich waren wir stolz auf das, was wir erreicht hatten. Wir fühlten uns in dieser Zeit so eng verbunden wie Brüder, unantastbar, unverwundbar. Wir waren die Größten.

Um die Jahrtausendwende hat Franky besondere Ringe für uns vier anfertigen lassen. Ein dicker Brocken, ein Freundschaftsring mit Diamanten und Runen drauf, sie bedeuteten Zusammenhalt, Treue und Ehrlichkeit. Typische Familienslogans. Franky liebte unser Zusammengehörigkeitsgefühl. Wir trugen sie manchmal, wenn wir uns trafen. Eher selten. Bei Feiern vielleicht, aber zum täglichen Tragen war der Ring zu klobig.

Fühlten wir uns als Gangster? Nein, als Geschäftsmänner. Zusammen fühlten wir uns unantastbar. Wir machten alles gut, hatten alles im Griff, aber vor ein bisschen Größenwahn waren wir nicht gefeit.

FRANKY • Ende der 90er kam ich um die Weihnachtszeit auf die Idee mit den Ringen. Ich zum Juwelier: »Pass auf, ich will ein paar Ringe haben, vier Stück, eine Männerfreundschaft, nichts Schwules und auch keine japanischen Schriftzeichen. Ich hätte gerne was Runenmäßiges.«

»Was soll es symbolisieren?«

»Freundschaft, Erfolg oder Loyalität.«

Zu Weihnachten bekam dann jeder seinen Ring in einem schönen Kästchen von mir geschenkt. Sie sahen alle gleich aus, bis auf den Namen des jeweiligen Besitzers, der stand vorn: Frank, Jürgen, Kalle, Olli.

OLAF KAMRATH • Die XY-Kennzeichen-Geschichte stammt von mir. Ursprünglich wollte ich meine Initialen auf dem Nummernschild haben. Das O bekam ich aber nicht durch, wegen der Verwechslungsgefahr mit einer Null. Da kamen mir die Buchstaben XY in den Sinn. Warum nicht! Dann zog meine Schwester nach, mein Schwager auch und nach und nach alle anderen Kumpels. Alle möglichen Leute fuhren auf einmal mit einem XY-Kennzeichen durch Neuruppin. Es hätte genauso gut auch eine 999 sein können. Ich fahre heute 999.

Natürlich war es cool, als alle Autos mit X Y herumfuhren. Wenn wir gemeinsam mit den Autos unterwegs waren, gab das ein schönes Bild. Dadurch brachte uns die Presse den Namen »XY-Bande« ein. Es bedeutete schlicht, wir gehören zusammen, und war keine Verhohnepipelung der gleichnamigen Fernsehserie, wo der Zuschauer Polizei spielte und der echten Polizei bei der Aufklärung ungelöster Straftaten half.

Irgendwann machten wir den fatalen Fehler, das Mischen des Kokains Hübner zu überlassen, dem späteren Kronzeugen. Das war unser Untergang. Die Kronzeugen Hübner und Reinke brachten uns in den Knast.

Hübner wohnte um die Ecke, er war am Ende drogenabhängig. Wenn wir nach dem Mischen, das wir anfangs mit ihm zusammen erledigten, den Staubsauger benutzten, um alle Spuren zu beseitigen, hat er hinterher heimlich den Staubsauger auseinandergenommen und das Koks aufgelesen. Er klingelte auch nachts bei mir, schweißgebadet, und bettelte um Koks. Er war süchtig, total drauf, unberechenbar, ich musste ein Verbot aussprechen, ihm etwas zu verkaufen. Das wurde mir vor Gericht absurderweise vorgeworfen, war aber gut gemeint. Alle anderen, die später auf der Anklagebank saßen, waren Dealer, die von uns die Drogen zum Weiterverkauf bekamen.

Hübner packte in Bayern aus. Er war unser Angestellter, er bekam Geld von mir. Über Kalle, der immer eklig zu ihm war, hat er nichts ausgesagt. Joschi und mich, die wir seine Freunde waren, hat er in die Pfanne gehauen. So ist das.

Er war irgendwann raus und ist nach Bayern gezogen. Ich vermute, dass sie ihn irgendwie am Arsch hatten. Als wir verhaftet wurden, sind sie bei ihm in Bayern eingeritten und

nahmen ihn mit. Die Bullen sind wohl mit ihm essen gegangen, und er hat eine Beichte abgelegt, alles erzählt, jeden
angeschwärzt. Durch ihn kamen sie auf Reinke, der bereits
wegen eines bei ihm gefundenen Kilos Koks in Haft saß.
Reinke war ein Dealer, ein kleines Licht bei der Bande, ein
Kumpel von Franky, der hatte ihn reingebracht.

Mit dem kleinen Zuhälter oder Zwischendealer, dem man
hundert Gramm verkaufte, hatte ich nichts mehr zu tun.
Conny fand den Puff nicht gut, deshalb zog ich mich davon
zurück. Welche Frau findet es schon gut, wenn ihr Mann in
seinen Puff fährt?

FRANKY • In Neuruppin war ich offiziell Kneipenbetrei-
ber. Wenn in meiner Kneipe jemand kokste, bekam ich
schlechte Laune und sprach ein Verbot aus. Dabei war im Klo
ein heimliches Versteck, wo Zwischenhändler ihre Ware
abholten. Der Haken an der Sache: Ich wusste davon nichts.
Ich hatte zu Olli gesagt: »Ich möchte kein Koks in der Kneipe
haben.«

»Ist doch selbstverständlich!«

Hier war Olli eindeutig ein wenig von der Wahrheit entfernt. Oder vielleicht wollte ich das auch nur hören und hab
meine Augen zugedrückt. Später war es mir egal.

Olli hat vor mir nicht gekokst, ich wusste lange nicht einmal, dass er was nimmt. Als er später richtig auf Koks war,
konnte man das aber nicht mehr übersehen. Bis dahin glaubte
ich, in meinem Umfeld gebe es keine Konsumenten. Ich
lebte in einer anderen Welt. Ich war mit meinen Weibern
beschäftigt.

Kalle hatte noch nie Drogen genommen, außer Anabolika
vielleicht, weil er so ein Sportfanatiker war. Joschi war drauf,

das wusste ich. Auch ein Angestellter von uns war ein absoluter Patient, total durch den Wind. Diese Einblicke ließen mich die Finger vom Koks lassen. Wenn wir nach Ibiza fuhren, hatten wir nichts an Bord. Wir erledigten auf der Insel nie einen Deal. Wenn die Leute mich trafen, wurde nicht über Koks gesprochen, weil alle dachten, bei Franky brauchst du gar nicht damit anzufangen. Alle hielten mich für Mister Saubermann. Aber ich war der Fahrer, ohne mich hätte Berlin auf dem Trockenen gesessen.

OLAF KAMRATH • Reinke war ein knasterfahrener Kumpel von Franky. Zur Zeit der Fitnessbude half er in einer kleinen Disco in Frankendorf aus, die uns gehörte. Er war ein robuster, einfacher Typ, Augenbrauen tätowiert. Wir kamen mit ihm klar. Irgendwann war er für das Einlagern des Kokains zuständig, er schien uns vertrauenswürdig, hielt die Schnauze. Leider war er nicht besonders schlau. Unsere Ansage lautete: »Wenn sie dich erwischen, nimmst du alles auf dich und kriegst dafür 50 000.« Das war der Deal.

Er lebte in Neustadt an der Dosse, und wir besorgten ihm einen Tresor. Dort lagerte das Koks, den Schlüssel hatten wir. Anfangs holten wir die Pakete selbst ab, später bekam er den Schlüssel und hat alles erledigt. Wir sagten ihm, er solle den Tresor im Garten verbuddeln. Das war seine Aufgabe. Wir überprüften es nicht, und er stellte den Tresor auf seinen Dachboden.

Wenn Ecki bei ihm auftauchte und sagte: »Drei Pakete«, bedeutete das: »Bring mal hundert Gramm in Frankys Bar.« In den Tresor passte ein Kilo. Hat lange gut funktioniert. Reinke kam rum, brachte die gewünschte Anzahl Pakete mit und versteckte sie hinter der Toilettenspülung des Damenklos in Frankys Bar. Der Käufer nahm sich dann die entsprechende Anzahl Pakete raus. So brauchte man sich nicht zu treffen, bezahlt wurde die Ware vorher. Um 15 Uhr kam der Erste, 16 Uhr der Zweite, 17 Uhr wurden neue Pakete versteckt, die um 18 Uhr vom nächsten Käufer abgeholt wurden. Keiner von uns war unmittelbar beteiligt.

Für die Klolieferungen bekam Reinke 3000 Euro im Monat, selber konsumierte er auch ordentlich. In Neustadt besaß er ein Tattoostudio und kannte in der ländlichen Ecke viele Abnehmer. Er bekam alles von uns, Koks, Gras, Pillen. Er betrieb auch einen illegalen Puff in einer kleinen Wohnung.

In Rübehorst saß ein Konkurrent. Okay, musste sich Reinke wohl eines Tages mit seinem Spatzenhirn gedacht haben, passt auf, diesen Konkurrenten müssen wir aus dem Weg schaffen. Man erzählt sich, dass dann vier Mann den Konkurrenten verprügelt haben, mit Klebeband gefesselt und in einen Kofferraum gepackt. Sie fuhren mit ihm Richtung polnische Grenze. Von uns war keiner dabei, wir wussten nichts von der Aktion. Von den vieren kannten wir nur Reinke. Im Prozess sind sie dann als Zeugen der Staatsanwaltschaft aufgetrippelt. Jedenfalls zogen sie dem gefesselten und verletzten Zuhälter wohl eine Pulle über den Kopf und ließen ihn liegen. Er ist an seinem Blut erstickt.

Nach diesem Totschlag machten die Bullen bei Reinke eine Hausdurchsuchung, weil irgendwer gesungen hatte. Den Tresor fanden sie sofort, weil dieser Blödmann ihn nicht eingegraben hatte. Drin: ein Kilo Koks und eine Knarre.

Reinke fuhr verzweifelt zu uns und erzählte uns von den Bullen. Wir boten ihm finanzielle Hilfe an und forderten Stillschweigen ein. Er hat dann den Bullen gesagt, es sei sein Tresor. Er hielt die Klappe und hat für das Koks und die

Knarre sieben Jahre gekriegt. Wir haben ihn im Knast mit Geld unterstützt.

JOSCHI • Einmal wurde ich im Puff mit ein paar Gramm Koks erwischt, als die Bullen dort eine Razzia veranstalteten. Es gab vorher sogar einen Tipp, doch Muju hatte das wieder vergessen. Wir saßen im Puff mit den Damen beisammen, als die Bullen den Laden stürmten. Zwei ganz normale Gäste wurden vom Barhocker geprügelt, auf Mujus freilaufenden Bullterrier haben sie mehrfach geschossen, ihn aber nicht getroffen. Dann hat sich Muju auf den Hund gestürzt und ihn mit seinem Körper bedeckt. Wir wurden durchsucht und verhaftet.

Anschließend führten die Bullen eine Hausdurchsuchung bei mir durch und fanden Anabolika und eine Waage, aber ich hatte kein Koks zu Hause. Hat mir trotzdem eine Verurteilung eingebracht. Ich war nicht vorbestraft und kam mit Bewährung davon, der Richter Sauermann meinte, das sei ein klassischer Fall von Besitz. Handel konnten sie mir trotz Briefwaage nicht nachweisen.

Das war ein kurzer Dämpfer, danach hab ich aber gleich weitergemacht. Die Bewährung war beim XY-Prozess noch nicht abgelaufen und wurde verrechnet. Obwohl ich wie Kalle neun Jahre bekam, konnte ich vorher raus. Ich saß knapp sechs Jahre.

Ende 2000 lief das Koksgeschäft gut und wurde immer besser. Wir mieteten für das Mixen eine Wohnung an. In der Wohnung platzierte ich Kippen, die ich in der Disco eingesammelt hatte, um bei eventuellen Hausdurchsuchungen die Bullen auf eine falsche DNA-Fährte zu locken. Den Trick hatte ich, glaube ich, aus irgendeinem Krimi.

Wir versuchten, das Risiko zu minimieren, und handelten unauffällig. Zur Kokswohnung bin ich mit dem Fahrrad gefahren und habe vorher immer sehr genau die Lage gecheckt. Als das ein Jahr gut funktioniert hatte, warfen wir alle Sicherheitsbedenken über Bord und wurden nachlässiger.

Bewaffnet war ich nie. Einmal, bei einer Auseinandersetzung, als man mir an den Kragen wollte, holte Muju eine Pumpgun aus dem Kofferraum und ballerte los. Mit dem Ding haben wir auch mal auf dem alten Russenflugplatz unsere Jeans zerschossen, das war mal kurzzeitig in.

CONNY • Als Olli anfing, Koks zu konsumieren, wollte ich das nicht wahrhaben. Irgendwann musste ich aber wissen, was für ein Zeug er nahm und wie teuer es war.

Es gab viel Streit zwischen uns, weil er nächtelang unterwegs war, als ich mit Felix schwanger war. Er war getrieben, musste permanent unter Menschen sein, die Nächte durchquatschen, auf Koks und immer unter Strom. Unsere Beziehung wurde eine unglückliche. Ich war viel allein, er häufig auf Drogen. Dass womöglich eine große Gefahr im Hintergrund lauerte, wollte ich dennoch nicht realisieren. Ich hatte nie Kontakt mit der Polizei, war noch immer ein braves, wohlerzogenes junges Ding.

Felix wurde 2000 geboren. Ich wollte ein normales Familienleben, es wurmte mich, dass Olli selten zur Verfügung stand, nachts plötzlich verschwand und mit seinen Kumpels im Blue Banana oder wo auch immer feierte. Ich wollte nicht spießig sein, aber irgendwann kamen immer die Fragen: »Wann kommst du nach Hause?«, »Was wird aus uns?«.

Ich hatte mich ihm gegenüber in eine finanzielle Abhängigkeit begeben, weil ich seine Büroarbeit machte und mich, sehr viel mehr als er, um Felix kümmerte. Ich schloss mit ihm einen Arbeitsvertrag, ich wollte für meine Arbeit im Büro regelmäßig Geld auf meinem Konto sehen. Andernfalls hätte ich mir einen Job gesucht. Das wollte er auf keinen Fall.

In der, ich nenne sie mal Gang, waren alle gleichberechtigt, aber Olli war der Chef. Wie in *Farm der Tiere:* Alle sind gleich, einer ist gleicher. Die Gruppe hat vielleicht nicht unbedingt zu ihm aufgesehen, aber die Hierarchie merkte man deutlich. Er hatte diese Dynamik, ein sehr selbstbewusstes Auftreten, konnte gut mit Behörden. Alle anderen hatten ihre Bereiche, Dinge, die Olli nicht lagen. Olli wollte raus, mit Leuten Geschäfte anschieben. Er setzte sich ein strategisches Ziel und dachte über den Weg dahin sehr genau nach. Hemmende Steine räumte er beiseite. Er konnte bissig sein, aber auf eine soziale Art. Ohne Olli keine Gruppe. Er verteilte die Aufgaben.

FRANKY • Zurück aus Amsterdam, hatte ich meist ein bis zwei Kilo an Bord. Ich wurde oft vom Zoll angehalten, gefragt, woher ich komme und was ich dabeihätte. Das waren Routinekontrollen. War immer ganz okay, alles easy.

Mein Versteck war anfangs im Fahrersitz. Unter der Kopfstütze war eine Hartschale, die konnte man nach hinten abknicken, und es ergab sich genug Platz für die Pakete. Bei einer Tour klopfte ich gegen die Rückenlehne und merkte, wie das verpackte Koks sich leicht bewegte. Das durfte natürlich nicht sein. Mist. Ich fand im Auto einen Stoffbeutel, den ich dazupackte, um es stabiler zu halten. Alles schön straff, fein.

Hinter der Grenze zog mich der Zoll raus und stellte die

Karre auf den Kopf. Ein Zöllner setzte sich auf die Rückbank und fing an, den Wagen nach Hohlräumen abzuklopfen. Ich war so oft angehalten worden, und nie hatte jemand geklopft. Warum klopfte der ausgerechnet an diesem Tag? Ruhig bleiben, scherzen, und schließlich konnte ich weiterfahren.

Mit einem Hund wurde ich auch hin und wieder überrascht. Weil aber meine Jungs aus Surinam alles mit Anti-Dog beschmierten, fand der nie was. Die Isolierung des Koks war aufwendig. Handschuhe an, Koks vakuumieren, Handschuhe wegwerfen, neue Handschuhe an, den Packen mit Anti-Dog beschmieren, Handschuhe wegwerfen, neue Handschuhe an, alles in Folie einpacken, Handschuhe wegwerfen, neue Handschuhe an, noch mal vakuumieren – und fertig.

Für mich war die Fahrt der Kick, den ich gern in Kauf nahm. War ich durch, feierte mein Körper innerlich Party. Immerhin war der Einsatz bei jeder Tour sieben Jahre Knast.

Einmal hatte ich zwei Kilo Koks und 100 000 Pillen Ecstasy im Auto. Beide Sitze waren voll, die Pillen hatte ich in Folienschläuchen vakuumiert verpackt. Sie drückten mir ordentlich in den Rücken. Irre Spannung, ich dachte, Alter, hoffentlich hält das. Hinter der Grenze, zack, Kelle raus. Scheiße. Zwischen Rückbank und Beifahrersitz lag meine Reisetasche. Draußen ein fetter Bulle und ein dünner. Der Fette hat die Karre auf den Kopf gestellt. Motorhaube, Kofferraum. Dann machte er hinten die Tür auf, nahm die Reisetasche raus, guckte rein und packte sie auf die Rückbank.

Ich sagte: »Können wir die bitte wieder so hinpacken, dass die während der Fahrt nicht durch die Gegend fliegt?«

»Ja, das machen wir nachher.«

Während ich draußen bei dem dünnen Bullen stand, pflanzte der andere sich auf den Fahrersitz, guckte, ruckelte, wechselte auf den Beifahrersitz. Er beugte sich nach vorn, öffnete das Handschuhfach und durchsuchte es.

Dann rief mich Olli an, er war unruhig, ich war schon über der Zeit. Natürlich konnte ich nicht offen reden, also sagte ich: »Hallo, Herr Zentrowitz. Tut mir leid, ich habe momentan keine Zeit.« Zentrowitz war ein Codename. Ich war mit Olli zu DDR-Zeiten mal unterwegs zum Fußball. Auf dem Bahnsteig bin ich in die Gleise gesprungen, ich war ein 13-jähriger Wildfang. Ein Spiel, nicht mehr, doch die Augen der Transportpolizei sahen alles. Die haben uns einkassiert und wollten die Ausweise sehen. Ich hatte noch keinen Ausweis, also musste ich meinen Namen und meine Adresse sagen. »Ich heiße Frank Zentrowitz und wohne in der Karl-Marx-Straße 18.« Das war die Adresse des Bullenreviers in Neuruppin. Der Trapo hat alles fein säuberlich notiert. Das wurde zum Running Gag. »Schönen Tag, Herr Zentrowitz«, »Tut mir leid, Herr Zentrowitz«, »Ich habe momentan keine Zeit, Herr Zentrowitz«.

Plötzlich machte es knack und zischte. Ich linste ins Auto, aus dem Rücksitz war eine Tüte Ecstasy rausgerutscht. Der Bulle draußen reagierte nicht, der andere musste das Knacken und Zischen aber bestimmt gehört haben. Gott sei Dank war er ein fetter Bulle, der wusste, dass er fett war und mit seinem massigen Körper Dinge kaputt machen konnte. Er wollte nur noch raus aus meiner Karre.

»Gute Weiterfahrt.«

»Danke und tschö mit ö.«

Ich ins Auto rein, gleich abgesoffen die Karre. Ich stand unter Schock. Zweiter Start lief, und ich bin mit schleifender Kupplung losgebraust, zitterte und konnte nicht mehr klar denken. Am nächsten Parkplatz angehalten, die Pillen wieder reingequetscht und die Tasche dazwischen. Krasse Nummer.

Ich weiß nicht, wie oft ich nach Amsterdam fuhr, hundertmal? Über den Türken, der uns anfangs den Kontakt hergestellt hatte, kam ich an meinen späteren Dispatcher ran. Ich nannte ihn Babyface, er war ein wirklich sehr hübscher Schwarzer, seine Familie kam aus Suriname. Er war älter als ich. Als der Türke in den Knast kam und sein Cousin übernahm, hatten wir keinen Bock mehr auf diese Zwischenhändler. Außerdem war er Junkie, und das schmeckte mir nicht. Beim nächsten Deal habe ich Babyface die Hand gegeben, darin ein Stück Papier mit meiner Telefonnummer. Entweder er machte es oder halt nicht. Bingo, er rief mich an und nannte mir einen Treffpunkt.

Babyface war ein Businessman, er rauchte und trank nicht. Wir waren uns schnell einig und machten fortan nur noch mit ihm Geschäfte. Im Mutterschiff in Neuruppin waren alle begeistert.

Einmal wollte er mit mir nach Suriname fliegen und hat mir einen Honorarkonsulposten angeboten. Für 80 000 D-Mark, Diplomatenpass und Diplomatenkennzeichen inklusive. Aber ich dachte, ich kann doch nicht mit einem CD-Zeichen durch Neuruppin fahren, das Land kennt doch keiner.

Kurzzeitig planten wir, unser Kokain direkt in Suriname zu beziehen, am Ende erschien uns das dann aber doch eine Nummer zu groß. Suriname war früher eine holländische Kolonie und wurde in den 70er-Jahren unabhängig. Ab dem Tag war das Militär arbeitslos. Ein General hat dann eine

Privatarmee aufgebaut und geputscht. Seine Armee musste finanziert werden, also hat er im großen Stil Kokapflanzen angebaut. Die Flüge zwischen Suriname und Holland galten seinerzeit als Inlandsflüge, es gab keinen Zoll, die Leute sind ständig mit vollen Koffern nach Amsterdam gedüst. Der General war der Koksbaron und hat bei jedem Schmuggel kassiert, seine Armee bezahlt und den Kommunismus bekämpft, beziehungsweise alle, die ihm an die Wäsche wollten. Das meinte jedenfalls Babyface zu mir.

Davor war das Land nicht für Kokain bekannt, deswegen hatte man das nicht auf dem Schirm, bis es dann doch aufgeflogen ist. Der General wurde in Den Haag in Abwesenheit zu einer langen Haftstrafe verurteilt. Er lebt wohl heute noch in Suriname.

Babyface brachte mich während meines Aufenthalts in Amsterdam bei einem älteren Herrn unter. Ich nannte ihn Ballantine, weil er nur diesen Whisky trank. Ich hab ihm jedes Mal eine Flasche mitgebracht. Er hatte schöne Schwarzweiß-Fotos an der Wand, Blockhütten aus Bambus, davor eine Terrasse. Dort stand der alte Herr als junger Mann mit Sonnenbrille und Uniform, er war der Leibwächter des Generals gewesen, durch den ich fast Honorarkonsul geworden wäre. Und neben den beiden stand der griechische Reeder Onassis, der Jackie Kennedy ehelichte.

Ballantine war Vorsitzender einer Bewegung, die sich für die Rechte der ehemaligen Kolonialarbeiter einsetzte, die früher für Holland unter unmenschlichen Bedingungen in Diamanten- und Goldminen schuften mussten. In dessen Wohnung hockte ich also und hab das Koks ausgekocht und verpackt. Später besaß ich ein eigenes, kleines Reihenhaus in Amsterdam.

Babyface hat mich auch zu sich nach Hause eingeladen, zu Frau und Kind, ich hatte Babyfaces Baby auf dem Schoß. Wir schöpften Vertrauen zueinander, und er verriet mir seinen Spitznamen: Sunny.

Sunny hatte eine Bauchtasche, darin bewahrte er bestimmt zwanzig Telefone und Telefonkarten auf. Ihm gehörte eine Bar in Amsterdam. Als ich dort erstmals auftauchte, kam ich in meinem beigefarbenen Anzug, den ich immer im Auto trug, um beim Grenzübertritt unauffällig zu wirken. In dem Viertel, wo sich die Bar befand, lebten nur Schwarze Menschen. Ich trat als auffälliger Weißer mit einem auffälligen beigefarbenen Anzug in die Bar. Es war laut, und dann – schlagartig Ruhe. Mir wurde ganz anders. Ich ging zum Tresen.

»Want to speak Sunny.«

»No Sunny here.«

»One Whisky-Cola.«

Dann bin ich zur Musikbox, warf Kohle rein und wählte ein Stück von Bob Marley. Ein paar klatschten. Ich setzte mich, trank die Whisky-Cola und zündete mir eine Kippe an. Plötzlich kam der Kellner auf mich zu und sagte: »Five minutes.« Er brachte mich nach hinten in Sunnys Büro. Der hat in seinen Telefonen gekramt und einen Großverkäufer kontaktiert. Die Ware holte er von unterschiedlichen Adressen, immer bei anderen Leuten. Er war der Dispatcher, er kümmerte sich um alle logistischen Fragen und wusste, wo der Nachschub zu bekommen war. Das war sein Job.

Diesmal musste ich in ein Amsterdamer Neubauviertel, beinahe slumartig. Ein einziges kilometerlanges Haus. Über zehn Stockwerke mit einem Riesenparkhaus. Ich mit meinem 7er BMW in das Parkhaus. Vorm Parkhaus standen ausgebrannte Autos, drinnen war es fast leer. Im achten Stock erwarteten mich zwei Kinder. Eins hat mein Auto bewacht, mit dem zweiten bin ich in so was wie ein Sozialhaus für Kids. Daneben ein ehemaliges Boxstudio mit obdachlosen Jugendlichen, insgesamt ganz schön trostlos. Eine Art Manager kam auf uns zu.

»Zwei Kilo?«

»Zwei Kilo.«

Ein Kind rannte los und kam mit zwei Kilo Koks zurück. Anscheinend war das hier die perfekte Tarnung. Aber schon manchmal auch komisch, an welchen Orten die ihren Stoff lagerten. Wir zurück zum Auto. Unten vorm Parkhaus stand ein Bullenmotorrad. Das Kind sagte: »Kein Problem, unser Mann.« Die hatten also auch ihren Bullen. Der Motorradbulle winkte mir zu.

Sunny war Teil einer großen Connection, das wurde mir langsam klar. Er bürgte für mich. Jedes Mal, wenn wir uns trafen oder er andere Kollegen traf, ergab sich ein bestimmtes Begrüßungsritual: Ich hielt immer nur die Hand hin, dann wurde draufgekloppt, dann die Hand umgedreht und so weiter. Das dauerte eine ganze Minute.

Einmal sind wir in ein Altbaughetto. Er sagte was auf Holländisch, das wie »Transe« klang. In einem dunklen Flur waren überall Afrikanerinnen. Das war kein Club, das war eine riesige Wohnung voll mit Transen. Das hat gestunken, ein süßer, ekelhafter Duft. Schweiß und alle Parfüms der Welt durcheinander. Wir hockten uns ins Wohnzimmer. Dort saß die Chefin des Ganzen und zwei weitere Transen, die sich gegenseitig die Zehennägel lackierten. Mordsmädels in rosa Röckchen. Sie sahen wie Frauen aus, hatten aber Stachelbeerenbeine. Solange ich sie nicht ficken musste, war mir das egal. Mindestens zehn Schwuppen gingen ein und aus, palaverten und zeigten ihre flotten Röckchen. Dann brachte uns eine von ihnen Tee. Als sie sich bückte, um uns Zucker zu servieren, sah ich an ihrer Arschbacke eine Wumme im Halfter. Die Schwuppen waren alle bewaffnet – warum, wurde mir im nächsten Zimmer klar.

Aber wir tranken erst mal unseren Tee. Es roch noch süßlicher als vorher, wer weiß, wer oder was da unter der Couch lag. Irgendwann war die Chefin einverstanden, mit mir das Geschäft zu machen. Vorher wollte sie mich aber noch testen, wie ich das Spektakel registrierte. Sie sagte: »Okay, musste mit«, und wir gingen ins hinterste Zimmer. »Nimm dir.« Die Bude war vollgestopft mit Koks, bis unter die Decke. Musste eine Tonne gewesen sein. Die ganze Wand war aus Kokain, komplett in Ein-Kilo-Packungen gestapelt. Ich durfte mir rausziehen, was ich brauchte. Mir ist ganz anders geworden, was für eine gigantische Menge. Sonst sah ich ja immer nur das, was ich kaufte. Wenn ich in dem Moment aufgemuckt hätte, hätten sich die Schwuppen in Kannibalen verwandelt. Das war ein Killerkommando. Zu mir aber nett und zuvorkommend. Die Chefin hat zum Abschied sogar meine Hand gestreichelt und »Tschüss« geflötet. Ich hatte sie behandelt wie eine Lady.

Dass ich der Kurier war, wussten nur Olli, Kalle und Joschi. In Holland kannten mich alle nur als Antonio.

Einmal gab es einen Engpass. Schon eine ganze Woche bekam ich in Amsterdam nichts mehr. Ich hing fest, aber irgendwann funktionierte es doch. Eine Qualität von über 94 Prozent war in Amsterdam der Standard. Das Problem war, diesmal roch es wie Persil. Das Zeug war anscheinend in einem Waschpulvercontainer geliefert worden. Manchmal roch es nach Benzin, wenn es in Benzintanks transportiert worden war, manchmal nach Palmöl oder Fischmehl. Aber es war reines Koks. Also fuhr ich damit wie immer in die Schäferstraße und gab es ab. Die Jungs haben gleich angefangen, das Zeug zu verarbeiten und für den Verkauf fertig zu machen, halb Berlin saß auf dem Trockenen.

Am Abend trafen wir uns in einer kleinen Neuruppiner Bar. Die Bude war voll, und ich saß mit einem Whisky am Tresen. Neben mir Zinkenjo, dem beim Koksen regelmäßig der Zinken rot anlief. Alle wussten, dass heute was reinkam, und waren voll Vorfreude. Da spazierte Olli rein und lief gleich die Treppen runter zum Klo. Alle hinterher, Zinkenjo auch. Offensichtlicher geht es nicht, dachte ich mir.

Zinkenjo kam strahlend wie eine Glühlampe zurück. Seine Eltern hatten in der Stadt ein Geschäft, in dem er auch mal gearbeitet hatte, ist aber rausgeflogen, weil er unzuverlässig war. Also fragte ich ihn: »Was arbeitest du denn jetzt?«

»Bin am Überlegen, mich selbstständig zu machen.«

»Und? Eine Idee?«

»Ich glaube, ich mache einen Waschsalon auf, mit so Automaten.«

Ich bekam einen mordsmäßigen Lachkrampf. Ich wusste, wieso er das gesagt hatte. Ich roch förmlich den Waschpulvergeruch des Kokains, das ihm gerade zu hundert Prozent sein Gehirn umkrempelte. Der war echt durch.

Um die Zeit fanden die Bundestagswahlen statt. Überall Plakate mit Angie Merkels Konterfei, an allen Autobahnabfahrten diese Riesendinger, »Merkel für die CDU«, »Merkel für Deutschland«. Plötzlich kam Zinkenjo völlig panisch in meine Bar gerannt. »Alter! Olli! Olli! Olli! Hast du schon gesehen, die Plakate? Da steht überall drauf: ›Kauft nicht bei

Olli‹, ›Kauft nicht bei Olli euer Koks‹.« Er glaubte das wirklich. Es stand aber drauf:

»Merkel stoppt Deutschlands Ausverkauf« oder so ähnlich.

Einmal fuhr ich mit Olli und Fritze auf der Autobahn Richtung Berlin. Fritze war Chef eines Nobelrestaurants. Er hat nicht konsumiert, war aber ein Freund gepflegter Sexorgien, die wir gelegentlich bei mir veranstalteten. Meine damalige Freundin arbeitete gerade auf einem Dampfer, und ich hab zu Hause Fucking Holiday gemacht.

Jedenfalls sind wir mit dem Auto nach Berlin gefahren. Das Auto hatte einen Unfallschaden. Im Radio hörten wir von einer Vollsperrung, also von der Autobahn runter und auf einem Plattenweg weiter. Mitten im Wald trafen wir auf eine Hundertschaft Bullen. Totale Panik! Erst wollten wir alles aus dem Fenster werfen. Dann aber sagte ich: »Nein, nein, nein, nein, nicht! Ruhig bleiben und weiterfahren. Einfach so tun, als wäre nichts. Die sind doch nicht wegen uns hier. Außerdem sind hinter uns auch schon Bullen. Nicht so auffällig! Nicht hingucken!«

Normalerweise guckt man hin, wenn irgendwo hundert Bullen rumstehen. Wir aber sind stoisch vorbei – nix passierte.

Ein anderes Mal stoppten wir in Berlin an einem Busch, weil einer von uns pissen musste. Zivis hielten an: Kontrolle. Olli diskutierte mit denen, während er die Taschen voll Koks hatte. Hin und wieder siegt Frechheit eben. Ich fühlte mich manchmal wie Napoleon, unantastbar.

In Neuruppin brauchte ich mein Auto nie abzuschließen, das XY-Kennzeichen reichte als Botschaft. Einmal hielt mich unser Bulle nachts mit Blaulicht an, mitten in der Stadt.

Fahrzeugkontrolle. Neben ihm saß sein Azubi, blieb aber im Auto.

»Hast du was für mich?«, fragte unser Bulle.

»Sag mal, bist du dämlich?«, zischte ich ihn an, zeigte ihm aber meine Papiere und packte etwas Koks dazu.

Er kam dann immer öfter vorbei, um sich ein Gramm zu holen. Toni wurde unser Bulle, er hat uns ab und zu Tipps gegeben, dafür haben wir ihn versorgt. Einmal hat er einem anderen Typen, von dem er anscheinend auch Koks bekam, gesteckt, dass den eine Alte wegen Dealens an die Bullen verpfiffen hätte. Und was machte der Idiot? Ging in die Disco und packte die Alte an der Gurgel: »Du warst bei den Bullen?« Die Alte stand sofort unter Schock und lief zu den Bullen, die natürlich hellhörig wurden.

Vor Gericht bei unserem großen Prozess sagte unser Bulle zu uns gewandt: »Ich kenne alle, die hier sitzen. Keiner von denen hat mir jemals Drogen gegeben.« Am Tag, als wir hopsgenommen wurden, haben sie ihn auch einkassiert. Zu Hause von der Couch gefischt. Er saß in Neuruppin in U-Haft. Seine Frau hat ihn später verlassen, seine Kinder sind ausgezogen, die Bullen haben ihn gefeuert. Heute bekommt er Hartz IV.

Für meinen Dispatcher in Holland sind viele Leute stehlen gegangen. Er war auch Hehler. Einmal hat einer seiner Kunden einen Koffer aus dem Büro von Ajax Amsterdam geklaut. Darin waren sämtliche Statistiken der Fußballspieler, dazu Spielszenen jedes Spielers auf einer CD. Das Ganze hat er mir zum Kauf angeboten. Kameras und allen möglichen anderen elektronischen Kram gab es auch bei ihm, immer günstig.

Ein anderes Mal kam er mit einem Kollegen vorbei. Ob ich

Diamanten kaufen wollte. Er öffnete den Sack und schüttete einen Haufen milchiger Klunker auf den Tisch. Es waren Rohdiamanten. Ich durfte mir einen aussuchen, den ich in Berlin beim Juwelier meines Vertrauens prüfen ließ. Der Juwelier glaubte anfangs an eine Fälschung, als er ihn aber untersuchte, stellte er fest, dass er echt war.

»Wo hast du den her?«

»Das willst du gar nicht wissen.«

»Dann verlass bitte meinen Laden und lass die Finger davon.«

Ich wollte den Diamanten in ein rohes Stück Gold einarbeiten lassen, als Anhänger an einer Kette, und meiner damaligen Freundin schenken. Ich sagte zu ihr: »Hier ist ein Diamant.«

»Das ist doch kein Diamant.«

»Doch, ein echter Diamant.«

»Niemals, Digger.«

»Du kotzt mich an. Der kann Glas schneiden.« Und schwupps hatte unser Glastisch eine fette Kerbe. Später sah ich den Film *Blood Diamond* mit Leonardo DiCaprio. Mein Diamant war bestimmt auch aus Sierra Leone, ein Blutdiamant. Damit wurde der Krieg finanziert. Und ich hätte beinahe den ganzen Sack gekauft.

Ein anderes Mal hatte mein Dispatcher hundert Kilo Gras am Start. Diesmal von einem Weißen. Der Preis war gut. Allerdings habe ich mir das nach Neuruppin liefern lassen, in einem Lkw. War eine logistische Meisterleistung, diesen Deal sauber über die Bühne zu bringen. Ich saß in Holland und dirigierte den Fahrer durch Neuruppin, er hatte keine Adresse von uns, für den Fall, dass ihn die Bullen schnappten. Ich rief ihn über ein Prepaidhandy an: »Puschkinstraße 11, auf dem Hof einer Kneipe ist dein Parkplatz.« Er parkte, ging in die Kneipe und bestellte sich einen Pfefferminztee. Die Kneipe gehörte ein bisschen zu uns. Draußen waren knapp vierzig Grad im Schatten, wer bestellt da Pfefferminztee?

Olli an der Strippe: »Wie testen wir, ob das gut ist?«

Wir hatten keine Ahnung von Gras. Also sind sie los und trieben einen stadtbekannten Kiffer auf. »Hier, rauch mal.« Tat er. »Und, gut?«

»Total geil!«

Also wurde bezahlt und abgeladen. Das Problem war, sie haben den Typ um 13 Uhr aus dem Bett geholt, das war nicht seine Aufstehzeit. War alles James-Bond-mäßig durchgeplant, und dann stellte sich das leider als scheiß Gras raus.

Später hatte ich in meinem Auto Topverstecke. Alles perfektioniert, mit Fernbedienung und doppelten Rückwänden. In Berlin gab es eine Firma, die hatte sich auf Spezialverstecke spezialisiert, die haben mir das eingebaut. Hätten ein paar Millionen reingepasst, ich hätte auch zehn, zwanzig Kilo Koks auf einmal transportieren können. Die Fernbedienung war so groß wie der Türöffner einer Garage. Bzzz hat sich der Verstärker aufgeklappt, dahinter war das Versteck.

Einmal wollte Kolja, der Russe, ein Kilo Koks von uns kaufen. Er war ein guter Freund, mein Bruder hatte ihn aus Russland mitgebracht. Er arbeitete bei meinem Bruder in der Kneipe, zuerst als Kartoffelschäler und Küchenhilfe. Er war russischer Jugendmeister im Boxen und hatte wohl eine Aufenthaltsduldung dank einer jüdischen Scheinidentität. Einmal wollte er mir einen Sack geklauter Edelsteine aus Sibirien verkaufen, Isumrut nannte er die, aber das ist eine andere Geschichte.

Jedenfalls sagte er, er hätte einen Kunden für ein Kilo Koks. Daraufhin bin ich mit Olli und dem Koks zu ihm nach Berlin in die Wohnung gekommen. Dort lebte er mit seiner Frau und einem Baby. Er versteckte das Koks in der Waschmaschine, seine Frau sollte davon nix wissen. Nun begann das Warten. Während er mit dem mutmaßlichen Käufer telefonierte, wurden wir immer müder. Das ging Stunden, und irgendwann sind Olli und ich eingeschlafen. Als ich aufwachte, war der Russe weg. Das Koks war auch verschwunden. Sein Telefon war aus, seine Frau wusste nicht, wo er war, sie schrie, das Baby weinte, und wir waren die Angeschissenen. Zappzarapp, auf Wiedersehen, deutscher Mann hat nix gesehen. Wir sahen weder ihn noch das Koks jemals wieder. Er hatte wohl Spielschulden bei gefährlichen Leuten. Angeblich soll sein Identitätsschwindel später aufgeflogen sein.

KALLE • Während ich wegen der Puffsache einsaß, hat Olli das Geschäft mit den Drogen aufgebaut und perfektioniert. Franky war mit im Spiel, und die Abnehmer rannten ihm die Bude ein. Mein Job lautete: Mitmachen, die Drogen verteilen, Kunden auftun, zum Beispiel Leute aus dem Potsdamer Rockermilieu. Die belieferte ich dann regelmäßig. Es war schnell verdientes Geld mit einem kleinen Risiko – nahmen wir damals an.

Es lief ein paar Jahre gut, bis Franky in Österreich in den Knast kam und auch Reinke verhaftet wurde. Wir hörten auf mit dem Handel, orientierten uns wieder in Richtung Spielautomaten und bauten das aus. Meine Dealerkarriere währte etwa drei Jahre. Spätestens als Reinke einfuhr, war die Kokssache für mich erledigt.

STRIPPENZIEHER

OLAF KAMRATH • Um 2003 stand meine Beziehung zu Conny vor dem Aus, sie hatte gedroht, mich zu verlassen. Ich war nächtelang unterwegs, mal zwei Tage, mal anderthalb Tage, sie konnte mich nicht erreichen, weil ich herumgedallert bin. Disco, Koks, Frauen, mit Kumpels irgendwo gepennt. Sie mit unserm Kind zu Hause, Riesentheater. Ich stand permanent unter Alk und Koks. Mal eine Woche nicht gekokst, eine Woche wieder, ach, alles schön, Geschäfte laufen, alles klar, gehen wir rüber in die Kneipe, gelabert, eine Bahn gezogen und gequatscht bis zum Morgen.

Begonnen hatte es 1998, von da an war ich insgesamt ungefähr fünf Jahre auf Koks. Koks ist eine Fickdroge, das turnt unheimlich an. Irgendwann war ich einfach voll drauf. Ich trank überdimensioniert, konnte plötzlich eine Pulle Whisky saufen. Anderntags war ich am Arsch, auch weil ich mehrere Schachteln Zigaretten vertilgte. Extrem viel rauchen, extrem viel saufen, extrem viel Koks – kam immer häufiger vor. Mit drei Bahnen wäre der neue Tag normal verlaufen, bei zwanzig Bahnen war das anders. Zombiezeit, Tüte auf und reingeballert, es gab kein Ende. Ich hatte immer einen Beutel in der Tasche, bestimmt 15 Gramm.

Hin und wieder gab es einen Schlechtes-Gewissen-Tag. Wo ich mich wieder aufpäppelte, mit Vitaminen. Ich holte

Arbeit nach, spürte aber bereits die nahende Euphorie der nächsten Line. Das schlechte Gewissen überkam mich aber nur bei Conny, über alles andere machte ich mir wenig Gedanken. 2000 wurde unser Sohn geboren, ich war viel feiern, kümmerte mich aber auch um ihn. Conny war selten aus, sie passte regelmäßig auf unseren Sohn auf, ich dagegen wollte lieber mit Kumpels um die Häuser ziehen. Sie hat viel geweint und war wirklich fertig. Ich war damals gefühlskalt und egoistisch, das lag auch an der Droge, die mich zu einem lebenden Toten machte. Unser Sohn brauchte mich, und ich war voll drauf und bekam nichts mehr hin.

Wir waren aber beide in fremden Jagdgebieten unterwegs, Conny mit einem Bekannten. Als ich heimlich den SMS-Verkehr mit ihrem Verehrer las, wurde ich eifersüchtig. Suchte sie nach einem anderen? Ich war fertig und fragte mich: Alter, was willst du im Leben? Ich wollte Conny und meinen Sohn. Also machte ich einen kalten Entzug und hörte mit dem Rauchen auf. Vom Koks bin ich durch extrem viel Sport runtergekommen. Fußball, Fitness, starker Wille. Frankys Bar mied ich, sie war der Ort extremer Koksabstürze. Kalle war mein bester Mann, mit ihm und Ralle betrieb ich die Spielotheken weiter. Joschi war raus, Franky hat man weniger gesehen. Nachdem ich mich von der Droge entwöhnt hatte und wir unsere Beziehung stabilisierten, entschloss ich mich, in den legalen Geschäftsbereich überzuwechseln. Die Söhne des Bürgermeisters sprachen mich im Weinhaus an, ob ich nicht in die CDU kommen wolle. Sie boten mir die Teilhaberschaft bei ihrem Stadtentwicklungsprojekt – eine Fahrgastschifffahrt – an, und ich kaufte mich mit 20 000 ein. S. verkaufte seinen Anteil, ich schlug zu, es war ein städtisches Unternehmen. Der Prokurist A. war mal Pressesprecher von Schönbohm, er kannte alle in Potsdam, vom Staatssekretär bis zum begnadeten Künstler. Ich sah meine Zukunft im Immobiliengeschäft, wurde Parteimitglied und ließ mich zur Lokalwahl aufstellen. Ich trat einerseits wegen der neuen Geschäftsfelder in die CDU ein, andererseits wollte ich Neuruppin voranbringen.

2003 begann unsere schönste Zeit. Keine Drogen, kurz Stadtverordneter für die CDU. Ein Posten mit Stimmrecht bei der Wohnungsgesellschaft und den Stadtwerken. Ich saß im Haupt- und Finanzausschuss und kontrollierte quasi jedes Büro im Rathaus.

2003 war ich aus dem Kokshandel raus. Kurz vor der Verhaftung hing ich noch im Bordell als Vermieter drin, ansonsten war ich sauber. Ich habe einen alten Freund, der heißt Erwin. Der hat in seinem Leben sehr viel Geld gemacht. Jetzt ist er Rentner und hat gar nichts mehr. Der hat alles verloren, eine Eigentumswohnung in Miami, eine Frau, zig Häuser in Thailand, zwei Kinder. Was ich hörte, betrog er seine Frau permanent. Jetzt ist er über siebzig und hockt von allen verlassen in Frankfurt in einem kleinen scheiß Sozialblock. Er konnte keine normale Beziehung führen, lebte immer auf großem Fuß, große Klappe inklusive. So wollte ich nicht enden, bei allen Eskapaden hatte ich immer den Wunsch nach einem Zuhause. Ich hatte in meinem vorherigen Leben sehr viele Frauen, ich war lange süchtig nach dem schnellen Kick. Aber ich suchte immer die eine, die Besondere, die mich an der Hand ins Wunderland führt, wo alle Liebe ewig währt. Eine wie Conny.

Ich schien auf dem besten Weg, ein braver Bürger zu werden. Ich liebte Conny und sehnte mich nach einer stinknormalen Familie. Conny war weder eine klassische Gangsterbraut noch eine Szenemaus, sie kam aus der alternativen Szene. Ich wollte schon immer eine Bodenständige, obwohl ich kein bodenständiges Leben führte. Eigentlich schizophren. Ich war ein Getriebener, der sich wunderte, wenn er irgendwo im Nirgendwo strandete.

Doch da lief hinter den Kulissen bereits alles auf meinen Untergang hinaus.

KALLE • Alles lief gesund an, wir hatten den Absprung aus der Drogengeschichte geschafft. Wir waren sicher nicht die einzigen Jungs aus Berlin und Brandenburg, die so den Grundstein ihres späteren Vermögens gelegt hatten. Die anderen wurden nicht erwischt, weil sie cleverer waren oder mehr Glück hatten. Ende der 90er konnte man in Berlin richtig Geld machen, egal, ob Politiker, Kulturleute oder Discogänger, alle waren auf Koks oder mindestens Amphetaminen.

Mit dem Koks aufzuhören, war für mich eine Erleichterung, es nahm mir eine Last, die ständige Angst vor der Entdeckung. Durch die Drogengeschichte ergab sich bei mir ein leichter Verfolgungswahn, außerdem häuften sich die Verhaftungen im Umfeld. Und wenn einer im Knast sitzt, weißt du nicht, bleibt der stabil? Erzählt der was? In den Momenten schob ich Panik und geriet in Alarmstimmung. Ich misstraute jedem. Das Leben eines Drogenhändlers ist anstrengend und stressig.

Vielleicht hätte Olli nicht in die Politik gehen sollen. Vielleicht war das ein Stück zu viel und hat das Fass zum Überlaufen gebracht. Er überschritt eine Linie und zog zu viel Aufmerksamkeit auf sich, als er an bestimmten Dingen rüttelte. Auch als Präsident unseres Fußballvereins Union Neuruppin stand er sehr in der Öffentlichkeit. Er hatte Neider, die vielleicht im Verborgenen wühlten und Tipps gaben. Dabei hat er sich für die Stadt eingesetzt. Er hat ein sehr gutes Wahlergebnis erzielt. Als Spielhallenbesitzer und Immobilienkäufer, der neben den Interessen der Stadt natürlich auch seine eigenen vertrat. Wenn du mit sauberem Geld agierst, ist den Leuten egal, wenn du ins Stadtsäckchen greifst. Aber wehe, du verlierst dein bürgerliches Deckmäntelchen und ein verruchter Krimineller wird sichtbar. Dann kannst du gar nicht so schnell gucken, wie dein wackeliges Denkmal unter deinem Hintern eingerissen wird.

Die Stadtwerke waren einer der größten Arbeitgeber. Sie haben die meisten Aufträge vergeben. Jeder in der Stadt, der ein wenig Grips in der Birne hatte, war bestrebt, ein Stück vom Kuchen abzukriegen. Und der Haupt- und Finanzausschuss hat wohl so funktioniert, dass man bemüht war, sich das Geld gegenseitig zuzuschieben. Olli hat mir mal von folgender Szene erzählt:

»M. braucht 200 000, wer ist dafür?« Alle Hände gingen nach oben. »Die Stadtwerke brauchen eine Bürgschaft.« Alle rissen die Arme hoch. Olli hat dann gefragt: »Freunde, was ist denn mit euch nicht in Ordnung? Ihr hebt die Arme, dabei wisst ihr doch noch gar nicht, was hier gestochen wird.« Es hieß beispielsweise, die Stadt brauche neue Stühle und Tische. Da hat Olli gefragt: »Wie alt sind denn unsere Stühle und Tische?«

»Vier Jahre.«

»Sind die kaputt?«

»Nein, aber …«

Warum hatten sie die Arme hochgerissen? Wenn man

mich fragt, würde ich sagen, das war Korruption. Das muss parteiübergreifend Hand in Hand funktioniert haben. Und dann kam Olli, hat öfter mal quergeschlagen und ein paar Sachen infrage gestellt, die seit Jahren liefen, wie sie liefen.

IM GELD BADEN

FRANKY • Ein paar Jahre war ich der offizielle und einzige Kurier, ich war wirklich gut in dem Job. Als Kompensation lebte ich, als könnte jeder Tag der letzte sein. Im Adlon ein Zimmer mieten, dann zwei Nutten und Champagner über den Kopf. Ich hab es genossen.

Als Olli sich auf Ibiza die Wohnung kaufte, musste das ordentlich gefeiert werden. Am nächsten Tag bin ich, nur mit einem Schlübber am Leib, auf einem Rattansofa in einem langen Flur aufgewacht. In der Hand hatte ich eine Rolle Geld, um den Hals hing mein Rolexanhänger. Verdattert schaute ich mich um. Musste ein Hotel sein. Ich mit dem Fahrstuhl runter zum Empfang: »Wo bin ich hier?« Sie riefen mir ein Taxi, dessen Fahrer zum Glück etwas Deutsch konnte.

»Wohin willst du?«

»Ich will nach Hause, aber alles, was ich dir sagen kann, ist, dass es ein weißes Haus ist.«

»Hahaha, ein weißes Haus, auf Ibiza sind alle Häuser weiß.«

»In der Nähe steht eine Mauer aus Feldsteinen. Den Berg hoch. Fahr nach Ibiza-Stadt, dann gucke ich, ob ich was wiedererkenne.«

Er fuhr los, wir kreuzten durch die Stadt, irgendwann erkannte ich tatsächlich etwas wieder und fand das Apartment mit meinen Klamotten und den anderen.

Einmal spazierten wir, vom Schiff kommend, in Badelatschen am Jachthafen herum und hatten Hunger. Ein schicker Laden lockte, davor saßen nur olle, reiche Bratäppel, zerknitterte alte Weiber und soffen Schampus. Wir dockten an, sie guckten pikiert: Haben sich die Billigurlauber im Laden geirrt? Der Kellner blieb cool, wir grinsten und bestellten kiloweise Austern, schön mit Baguette und verschiedenen Soßen. Ich allein gab in drei Tagen über 15 000 Euro aus und hatte viel Spaß.

Dann passierte es.

Ein paar Schaustellerkumpels von mir wollten Skiurlaub in Österreich machen. Ich sagte: »So einen Scheiß mach ich nicht, Skiurlaub ist mir zu kalt. Ich fliege bloß in die Karibik.«

»Mensch, Franky, so viele Weiber hast du noch nie auf einem Haufen gesehen.«

»Überredet, ich komme mit.«

Einen Tag vorher hatte ich in Neuruppin einen Unfall mit meinem 5er BMW. Totalschaden. Das war geil, ich hatte zwei Kilo Koks in der Karre. Überall Bullen und die Tasche im Wrack. Ich sollte ins Krankenhaus zur Untersuchung. Der Abschleppwagen rollte vor, ich zierte mich, die Bullen wurden langsam sauer. »Du fährst jetzt mit ins Krankenhaus, das ist wichtig.« Die Tasche wollte ich aber natürlich nicht aus den Augen lassen. Beim Röntgen stand das Koks neben mir, während im Flur die Bullen saßen. Womöglich habe ich mit der Nummer mein Glück leicht überstrapaziert.

Am nächsten Tag fuhr ich nach Österreich und kam in die scheiß Hütte. Nur Matratzen, alle sollten in einem Zimmer pennen. Ich war noch nicht mal Skifahren und hatte vom

Rumlaufen in den Skischuhen trotzdem schon ordentlich Blasen. Abends knurrte mein Magen, ich schrie nach Abendbrot.

»Gibt es hier nicht.«

»Ihr geht mir so auf den Sack. Ich suche mir jetzt was anderes.«

Das nächste Hotel war das Trofana Royal. Das teuerste in Ischgl. Rein mit meinen Skischuhen, sonst keine Klamotten dabei. »Ein Zimmer!« Eine Suite mit Whirlpool und Wasserbett. Später kriegte ich einen Anruf.

»Wo bist du?«

»Im Trofana Royal.«

»Wir holen dich morgen ab.«

Anfangs wollte ich aufstehen und mit ihnen die Berge hoch. Aber Alter, mir tat alles weh. Noch vom Unfall. Also rief ich die Rezeption an: »Da kommen gleich welche und wollen mich abholen. Sagen Sie bitte, ich bin schon raus auf den Berg.«

Ich lag im Bett mit einer Obstschale und Schampus, als mein Telefon klingelte.

»Wo bist du?«

»Wo seid ihr denn?«

»Im Abschnitt blau.«

»Na, ich bin bei rot.«

Abends beim Après-Ski, das Trofana Royal hatte eine riesige Almhütte hinten dran. Die Leute hielten mich für einen Pornostar. Irgendeiner von den Schaustellern musste das Gerücht gestreut haben. Die Weiber waren scharf auf mich. Ich hab sie nach und nach in mein Zimmer bestellt und schön gelebt, geliebt und gefeiert.

Beim Feiern lernte ich einen DJ kennen. Er besuchte mich

im Sommer in Neuruppin. Er hatte geschnallt, in welchem Business ich unterwegs war, und bot mir die Vermittlung eines größeren Koksdeals im Kilobereich an. Ich traf den potenziellen Käufer in Ischgl. Ein Pumper und Türsteher, der für Geld alles machte, ein typischer Milieusoldat. Eigentlich wollte ich mit der Scheiße gar nichts zu tun haben. Aber er war auch Geldeintreiber – und so einen brauchte ich.

»Pass mal auf, ich hab in Deutschland einen Kumpel. Der hat noch 13 Millionen aus einem geplatzten Achterbahngeschäft in Italien offen. Könnt ihr seine Kohle eintreiben?« Der Typ hatte einen Prozess wegen der Sache gewonnen, aber sein Geld trotzdem nicht bekommen.

Ich fuhr mit dem geprellten Schausteller nach Stuttgart, und wir trafen den Pumper und einen weiteren Zwei-Meter-Mann in einem Hotel. Kohle nur bei Erfolg, war die Bedingung. Ich ging aufs Klo, kam zurück, wollten sie doch 50 000 als Anzahlung.

»Was soll das jetzt?«

»Komm mal beiseite«, sagte er. Dann: »Pass auf, ein Kilo Koks, und wir machen das.«

Mein Obolus beim Schausteller wären 1,3 Millionen gewesen, also hab ich in Holland ein Kilo Koks besorgt. Schien mir ein sicheres Ding. Olli war nicht wirklich begeistert, weil er die Typen nicht kannte. Ich wollte aber unbedingt, weil ich mir davon einen neuen Markt versprach. Was ich nicht wusste, den Anabolikatypen hatten die Ösibullen hopsgenommen. Ihm drohte eine langjährige Gefängnisstrafe, es sei denn, er arbeitete mit der Polizei zusammen. Da wird er sich gesagt haben: Wenn ich einen Österreicher ans Messer liefere, lauf ich dem in unserem kleinen Land alle zwei Tage über den Weg. Da hole ich mir lieber einen scheiß Preußen.

Ich kam aus Holland, war erschöpft, und ein Bekannter hat mich in Ollis Wagen nach Ischgl gefahren. Kaum angekommen, wurde ich noch vorm Après-Ski bei der Übergabe einkassiert. Spezialeinheit Cobra, mit Masken und schicken kleinen Maschinenpistolen. Sie fragten mich, ob ich allein gekommen sei.

»Im Zimmer pennt mein Chauffeur, der hat mit der Sache aber nichts zu tun.«

Sie stürmten das Zimmer, er lag im Bett und dachte, das sind Frankys Geldeintreiber. Die schrien im österreichischen Dialekt: »Die Waffe aus der Hand!« Verstand der gar nicht, er hatte keine Waffe. Links die Fernbedienung, rechts eine Pulle Bier. Vorsichtshalber kugelten sie ihm beide Arme aus.

Nach ein paar Tagen wurde er wieder entlassen, als auch denen klar war, dass er nichts von meinem Deal wusste. Er hatte keinen Schotter auf der Tasche und musste das Land innerhalb von 24 Stunden verlassen. Er rief seine Alte an. Sie hatte ihre Hausdurchsuchung schon hinter sich, bei Drogendelikten geht es international flink. Auch meine Kneipe war bereits durchsucht, alles auf den Kopf gestellt, nichts gefunden. Aber die schlafenden Hunde waren geweckt. Die Staatsanwaltschaft wurde hellhörig und begann, eins und eins zusammenzuzählen.

Ich rechnete mit sieben Jahren. Mein Glück war, dass es in Österreich große Mengen und übergroße Mengen Drogen gibt. Ab 1000 Gramm ist es eine übergroße Menge. Ich packte bei allen Deals zu den 1000 Gramm einen Esslöffel voll dazu, um den Käufer milde zu stimmen. Ach du Scheiße, dachte ich, das waren bestimmt über 1000 Gramm. In Österreich waren die 1000 Gramm aber plötzlich nur noch

980 Gramm Suchtgift, wie es so schön heißt. Dafür bekam ich drei Jahre, von denen ich zwei abriss. Nicht so schlimm, passte. Ich wollte trotzdem aus dem Knast abhauen, war echt ein scheiß Knast. Mein Anwalt besuchte mich regelmäßig und überredete mich zu bleiben. Olli kam auch oft vorbei.

Während ich einsaß, ruhte das Geschäft. Den anderen war der Schmuggel zu heikel. Als ich wieder draußen war, machte ich weiter, weil ich Geld brauchte und es für mich nirgends leichter zu verdienen gewesen wäre.

Ein befreundeter Bulle aus Neuruppin erzählte mir später, dass der Neuruppiner Staatsanwalt mir einen Nachschlag verpassen wollte. Ich saß aber nur ein paar Tage im deutschen Knast. Der Richter sagte in der Zweidrittelanhörung: »Geh nach Hause.« Und der Staatsanwalt hat dem zugestimmt. Kurios.

Von dem Bullen erfuhr ich auch, dass meine Telefone und meine Post überwacht wurden. Spätestens da war uns allen klar, es war was im Busch.

OLAF KAMRATH • Franky bekam drei Jahre und saß zwei, danach Österreichverbot. Wir holten ihn mit einer Limousine ab. Auf dem Neuruppiner See hatten wir einen Dampfer gemietet, als Überraschung. Alle waren da und warteten auf Franky, seine Familie, seine Eltern, ein DJ. Als er all die lieben Menschen sah, flossen die Tränen. Danach hieß es: Willkommen zurück im Club. Wir wollten aufhören zu dealen. Und machten weiter.

Unsere Weihnachtsfeiern fanden im Adlon in Berlin statt. Erst Adlon, dann angesagte Clubs. Wir nahmen gern ein paar Rechtsanwälte mit und Leute aus dem Milieu. Um aufzufallen. Um uns zu zeigen. Bei diesen Betriebsausflügen der etwas anderen Art zeigten wir den Bullen unsere kleinen Finger. Neuruppiner Arroganz mit Champagner und Austern, daran führte zu Weihnachten kein Weg vorbei.

Unser Bowlingcentermann Detlef besaß auf Ibiza eine Wohnung. Beim ersten Besuch mit Conny gefiel uns Ibiza so gut, dass wir eine eigene Bleibe haben wollten. 2002 fanden wir etwas Passendes und waren fortan regelmäßig dort, Ibiza wurde uns zur zweiten Heimat. Kumpels mitgenommen, Jacht gemietet, Buchten abgefahren, Easy Living, viele Clubs, viele Bars. Ibiza ist exklusiver und teurer als Malle, aber keiner fragt dich, wer du bist. Der Minister sitzt neben dem Zuhälter. Ibiza war mal eine Hippieinsel, inzwischen ist alles Kommerz. Teure Restaurants, schicke Buchten, schöne Menschen.

Wir vier waren unzertrennlich, auf dem Höhepunkt unserer Geschäftemacherei, die Sonne schien uns aus dem Arsch. Für keine Sekunde zogen wir in Betracht, dass es nur noch bergab gehen konnte.

ECKI • Es war ein geiles Leben. Ich musste nichts bezahlen. So eine wunderbare Freundschaft, bis heute. Olli würde mich nie im Stich lassen, wenn ich sterbe, zahlt er sofort meine Beerdigung. Oder Franky. Die würden nicht überlegen, sondern handeln.

Ich war mit Olli in Holland, in Spanien, in Rumänien. Okay, Rumänien hätte nicht sein müssen. Wir haben in den besten Hotels gepennt, das beste Essen schnabuliert. Mensch, ich habe gelebt, ich wurde bewundert, manchmal schief von der Seite angesehen, aber immerhin überhaupt gesehen. Manche verachten uns heute, aber viele finden unsere Untaten spannend.

Einmal bin ich mit Olli nach England gefahren, zusammen mit seiner Familie. Seine Frau, seine Kinder, seine Schwester. Olli stand auf eine große Familie, das hat er oft und gern betont. Dazu gehörten selbstverständlich auch seine Freunde, da haben Presse, Staatsanwaltschaft und der Stadttratsch später die Mafia draus gemacht.

Olli hat eine Cousine in England, die wollte er besuchen und hat mich eingeladen mitzukommen. Hingeflogen sind wir schon, auch mit dem Auto waren wir bereits dort, nur mit dem Schiff sind wir noch nie gefahren. Also haben wir in Hamburg ein Schiff bestiegen und sind 24 Stunden nach England gefahren. Wir schliefen neben dem Captain und hatten einen Butler, hat richtig Geld gekostet, da kannte Olli nix.

Weil er mit seiner Frau unterwegs war, war er abends in der Kabine und kam seiner Ecki-Aufsichtspflicht nicht nach. Ich bin dann schön auf dem Dampfer herumspaziert, nachts in die Disco gegangen und habe mir die Kante gegeben. Morgens um vier auf allen vieren zurück. Unter einer Treppe standen noch Menschen, einer hat Gitarre gespielt. Ich sagte: »Habt ihr nichts zu saufen?«, und dann bin ich hoch zur Minibar und hab sie ausgeräumt. Am nächsten Tag früh aufgestanden und mit Olli das Deck inspiziert. Die Menschen riefen: »Ecki, good morning, nice party!« Jeder dritte Jugendliche hat »Good morning, Ecki« gesagt. Olli guckte mich schief von der Seite an: »Hast du möglicherweise etwas angestellt?« Die Minibarrechnung muss er übernommen haben.

Dann England, eine Woche rauf und wieder runter. War echt der Hammer. Kulturfreak Olli wollte sich alles angucken, ich hab drei Kilo abgenommen. Hier inne finstre Burg, dort ins Museum, da inne Folterkammer. Weil ich früher leidenschaftlich Edgar-Wallace-Filme geguckt hatte, wusste ich in London einigermaßen Bescheid. *Die Tote aus der Themse*, *Der Frosch mit der Maske*, *Der Hund von Baskerville*. Im Wachsfigurenmuseum hab ich mich neben Elvis gestellt und alte Weiber erschreckt.

In den Hotels sagte mir Olli regelmäßig: »Nicht die Minibar plündern und nicht irgendwelche merkwürdigen Sender einstellen.«

»Nein, mache ich nicht.«

Zum Schluss der Woche gehen wir an den Tresen, um zu bezahlen. Tja, die Minibar. Hatte sie anscheinend wieder ausgesoffen, angeblich mehrfach. Und: »Ach, der Herr, hat er Premiumsender geguckt?«

»Was für 'n Sender?«

»So 'n Pay-Dings.«

Ich sagte: »Olli, ich hab bloß durchgezappt, da muss ich wohl mit dem kleinen Finger irgendwo draufgekommen sein.«

Musste er alles bezahlen.

JOSCHI • Als ich aus dem Knast kam, waren alle Geld- und Sachwerte weg. Ursprünglich wollte ich mit fünfzig nicht mehr arbeiten. Nun musste ich von vorn anfangen. Immerhin wurde ich nicht wie ein Aussätziger behandelt, ich hatte ja keinen umgebracht. Für viele Neuruppiner hatte ich ein paar Jahre den Traum vom schnellen Geld gelebt und war dafür gnadenlos abgestraft worden.

Wir hatten die Wende als rechtsfreien Raum begriffen, wo für gewitzte Schlawiner wie uns alles möglich war. Straftaten wurden nicht verfolgt, und wir wollten einen gewissen Lebensstandard erreichen. Ohne Geld bist du in unserer Gesellschaft nichts. Wir aber wollten Reputation, etwas darstellen, ein gewisses Ansehen genießen, und sei es auch ein zwielichtiges. Macht war ein Motivator. Macht und Geld sind sexy.

REVIERKÄMPFE

OLAF KAMRATH • Waffen waren verbreitet, besonders unter Türstehern, Rockern, Zuhältern. Es war kein Problem, an eine Waffe heranzukommen. Es gab eine Zeit, um die Jahrtausendwende, wo wir auf Waffen standen. Meine erste kaufte ich 1998, kurz bevor ich Conny kennenlernte. Eine Neun-Millimeter-Pistole. Ich habe sie sehr selten getragen, meist lag sie in einem Versteck, irgendwann habe ich sie wieder verkauft.

Im Westerland legten wir die Prüfung zum Kleinen Waffenschein ab, gegen ein Fass Bier. Vorher im Wald geübt und gefragt, ob wir auch mit eigenen Waffen schießen könnten. Wir hatten von einem Freund eine Uzi dabei. »Seid ihr irre! Nein, nein. Damit nicht.« Wir waren nie in einem Schützenverein. Das war für ein paar Monate ein Spaß, bis die nächste Ablenkung kam. Bestimmt hatte jeder Zweite im Milieu eine Waffe bei sich oder irgendwo versteckt. Eine Knarre kostete einen Tausender.

Am Ende wurden von der Polizei allerdings bei keinem von uns funktionsfähige Waffen gefunden, wir kamen auch ohne klar. Und wenn es welcher bedurfte, haben wir bewaffnete Hilfstruppen gemietet.

Als Kalle 1998 wegen der Puffgeschichte verhaftet wurde und ein halbes Jahr im Knast saß, wurde mit ihm ein Albaner verhaftet, der bei uns als Türsteher in der Disco arbeitete. Ich wollte ihm Geld zukommen lassen, damit er die Klappe hielt. Doch der Überbringer behielt die Kohle. Ich traf den Kerl in einer Kneipe. Er meinte, wir würden lügen. Die Situation drohte zu eskalieren.

Es waren nur Albaner in der Kneipe, ich musste das Ding allein durchziehen. Ich blieb cool und erklärte die Geschichte. Die Albaner berieten sich einen Moment und glaubten mir. Wir schüttelten einander die Hände und tranken einen Raki. Später beschäftigten wir immer mal wieder Bürgerkriegsflüchtlinge aus dem jugoslawischen Raum. Wir kamen uns nie ins Gehege.

In Neuruppin waren viele Bürgerkriegsflüchtlinge im Geschäft, Kosovaren, Mazedonier, alle schon eine Weile in Deutschland, viele konnten gut Deutsch. Ein Rumäne war der Schärfste, er hatte beim Amt acht verschiedene Identitäten und kassierte achtmal ab.

Einmal hatten sich ein paar Araber angekündigt, um uns auf den Zahn zu fühlen. Einem der Arabs hat Muju seine Neun-Millimeter an den Kopf gehalten. Der war sofort geheilt. In einer Gasse warteten währenddessen Kumpels aus Hennigsdorf mit einem Teller-MG, die erschienen mit richtig Werkzeug, hätten sie auch eingesetzt. Ein andermal hatten sich abermals konkurrierende Araber angekündigt, die in Neuruppin Geld witterten. Die Hennigsdorfer fuhren mit einem Koffer voll Knarren vor, auch ihr geliebtes Teller-MG mit Standfuß war am Start. Sie präsentierten es uns im Stil der Olsenbande. Diese Araber wurden später teilweise Rocker in Berlin, erst Bandidos, später Hells Angels. Heute sitzen viele von ihnen wegen Mord lebenslänglich hinter Gittern.

Hin und wieder gab es in Kneipen und Bars Ärger. Wir sind dann geschlossen aufgetreten, es gab aufs Maul, und danach war wieder Frieden. Rot-Weiß – ein Codewort für die Hells Angels – und Co. wussten genau, nach Neuruppin brauchst du nicht zu kommen. Das ist in fester Hand, erledigt. Bei uns gründete sich nie ein Rockerclub. Rockerclubs sind der größte Schwachsinn. Im Knast hatte ich mit denen zu tun, ich sagte: »Ihr seid in euren Klamotten viel zu auffällig, so verdient ihr kein Geld.« Bevor es losgeht, zur Kontrolle dreimal um den Block fahren, sich permanent verstecken, was ist das für ein Geschäftsgebaren? Dann untereinander dieser Terz, wie seinerzeit die jugendlichen Rabauken bei Union und dem BFC. Wenn einer aus Hannover das vorgibt, muss ich gegen meine Kumpels aus dem Nachbardorf in den Krieg ziehen? Was soll das? Ich konnte der Rockerlogik einfach nicht folgen.

CONNY • Eine Weile lag eine Pistole bei uns im Schlafzimmer, es war ein kleiner Damenrevolver. Wir haben Dummheiten gemacht, und Olli schoss damit in die Wand. Das war auf eine bestimmte Art aufregend. Plötzlich hatte ich einen Typen, der unerlaubte Dinge tat, das hatte auch seinen Reiz. Wir lachten über die Löcher in der Wand, bescheuert vielleicht, aber eben auch aufregend. Ich wüsste nicht, dass Olli regelmäßig draußen mit einer Knarre rumgelaufen wäre, um Gottes willen.

Zweimal hatte er aber eine dabei. Einmal regnete es, und wir liefen die Karl-Marx-Straße entlang, da zog er mich plötzlich hektisch in einen Hausflur und steckte mir, wahrscheinlich mehr oder weniger aus Spaß, einen Revolver in den Hosenbund, eine echte Schusswaffe. Dann ist er zurück auf die Straße gelaufen, während ich kerzengerade im Flur stand und dachte, Mensch, wenn das Ding jetzt in meiner Hose losgeht? Ich wollte mir doch nicht den Fuß wegschießen.

Wir haben im Nachhinein oft darüber gesprochen. Olli hat sich sehr darüber amüsiert, als ob es eine Art Mutprobe gewesen wäre. So funktionierte sein damaliger Humor.

ECKI • Im Club 019 wurde ich gefragt, ob ich eine Kneipe machen wolle, das Junker Eck. Aber klar. Das war eine richtige Eckkneipe, dort ging es ab. Probleme wurden nicht immer friedlich geklärt, der Laden war berüchtigt. Ich trank sehr viel, zu viel. Oben am Tresen stand ein Kühlschrank. Ich bin regelmäßig ausgeflippt und wamste mit der Faust dagegen. Bald war er total verbogen. Meine überbordenden Wutattacken waren für alle sichtbar.

Als mich ein guter Bekannter in meiner Kneipe besuchte, bin ich mal wieder ausgeflippt. Mein Alkoholproblem. Der gute Bekannte würgte mich, bis ich besinnungslos wurde, erst dann gab ich Ruhe.

Auch der Verräter Reinke kam gern vorbei, damals war er noch ein Kumpel. Sofort ergab sich eine Massenschlägerei. Der ist mit seinem Rottweiler rein, und dann hat sich die halbe Kneipe geprügelt, möglicherweise, weil es zu warm war oder zu kalt. Die Stühle flogen, alle kugelten bunt durcheinander. Ich fragte vom Tresen aus nur, ob die Herren vielleicht noch ein Bier haben wollten.

Ich hatte einen Schäferhund. Als Türsteher liebte ich meinen Schäferhund. Ich richtete bereits zu DDR-Zeiten Hunde ab, war mit 18 im Hundesportverein, Spezialität Scheintäter mit Beißarm. Mein Hund war der bedenklichste Schäferhund in ganz Neuruppin. Die Rechtsradikalen, die nach der Wende wie Pilze aus dem Boden sprossen, haben mit zwanzig Mann die Straße gewechselt, wenn ich mit meinem süßen Schnuffi ankam und der seine Zähne zeigte. Auf Nazis hatte ich keinen Bock. Ich kannte die zwar alle, aber die waren mir zu dämlich.

Ich beherrschte den bösen Blick gut und hatte durch mein aggressives Aussehen einen Vorteil, eigentlich war ich aber ein friedliebender Typ. Mein Problem war nur: Ich war ein Gremlin, nach zwölf Bier wurde ich risikofreudig, und alles war wurscht. Nüchtern war ich zurückhaltend und konnte Gefahren abschätzen.

Den Drogenweg bin ich nicht mitgegangen. An den Geschäften hab ich mich nie beteiligt. Man soll es nicht glauben, aber es ist so. Wenn ich Botengänge erledigte, fragte ich allerdings nie nach. Aber wenn irgendeiner was in mein Auto packte, schmiss ich ihn raus. »Das ist euer Scheiß, ich gehe für keinen Scheiß in die Scheiße.« Wissentlich hab ich nichts transportiert, hätte ich für kein Geld gemacht. Ich nahm auch keine Drogen, jedenfalls nicht bewusst.

Aber zuweilen begleitete ich Franky bei Kurierfahrten nach Amsterdam. Dass wir nicht hinfuhren, um Kuchen abzuholen, war mir klar. Weil er aber wusste, dass ich nichts damit zu tun haben wollte, hat er mich rausgehalten. Ich war nur als Schutz dabei, guckte böse und war der Fahrer, wenn Franky oder wer auch immer gerade mal eine Pause einlegen musste.

Einmal, als ich mit Franky in Holland war, saßen wir mit drei, vier Mann in einem Raum. Irgendwann stand einer auf, vom Koksen oder Kiffen breit, machte ein Schubfach auf, holte eine verchromte Neun-Millimeter raus und hielt sie mir an den Kopf. Musste ich kurz durchatmen, ist sie geladen, ist sie nicht geladen? Kommt ein Kaugummi raus oder eine Kugel? Ich wollte es nicht rausfinden. Okay, jetzt lass den mal, erschreck ihn nicht. Ich dachte, der wollte das Ding rumänenmäßig seinen Freunden vorführen. Ich wartete. Dann entspannte er sich und packte das Ding wieder weg.

Hinterher sagte ich: »Franky, egal, was hier passiert, ich warte unten im Auto. Wenn es hier oben knallt, ich komme nicht hoch. Ist mir scheißegal, ich laufe gern von Holland zu Fuß nach Hause.« Franky lachte nur. Er war tollkühn und gleichzeitig gaga, meine Freunde nahmen die Gefahr nicht immer ernst. Hab im Laufe der Jahre echt ein paar Bekloppte getroffen, meine Fresse.

Die Tokengeschichte war mir bekannt, ich sah sie aber für mich als ungefährlich an, das Wissen darum würde mich schon nicht in den Knast bringen. Ich bin auch zu Reinke gefahren, habe ihm die Schlüssel des Tresors übergeben und ihm gesagt, er soll was rumbringen. Für das Bescheid-Sagen bekam ich später sechs Jahre, ganz schön viel Strafe, das schien mir unverhältnismäßig, wenn ich sah, was Vergewaltiger so bekamen, die ein Frauenleben zerstörten. Ich will nicht jammern, ich gehörte zum Kreis, war ein Rädchen in der Maschine, das Bescheid-Sager-Rädchen. Im Endeffekt habe ich mitgemacht, hätte ja auch ablehnen können, niemand hat mich überredet, ich habe alles selbstständig getan. Viele in der Stadt meinten später: »Ecki, da hat dich der Kamrath reingeritten.« Mich hat aber keiner reingeritten.

LUKRATIVE GEFÄLLIGKEITEN

OLAF KAMRATH • Meine erste Immobilie war die Schäferstraße 10, wo sich Frankys Bar befand, müsste 98 angefangen haben. Bargeld, Privatkauf. Weitere Immobilien kauften wir sukzessive von der Stadt oder bei Zwangsversteigerungen.

Es gab Rocko, diesen netten Menschen bei der Stadtverwaltung, Abteilung Liegenschaften. Er kam damals frisch aus Eberswalde. Joschis Vater stellte ihn mir vor, wir trafen uns ab und zu, damals musste Neuruppin viele marode Häuser verkaufen. Und es gab nicht so viele Menschen, die Häuser kaufen wollten. Der große Immobilienreibach fand erst später statt. Jeder hätte damals billig Häuser kaufen können. Kalles Haus hat 6000 Euro gekostet und ist heute 150000 wert. Immobilien waren unfassbar günstig, aber die Zinsen für Kredite bei der Bank waren hoch. Heute sind die Häuser teuer, die Bank nimmt richtig Geld, und die Zinsen bei der Bank steigen ins Unermessliche.

Conny und ich waren mit Rocko befreundet. Er hatte einen relevanten Posten, den musste ich mir warmhalten. Er war eine Schachfigur im Spiel, die einmal wichtig werden konnte. Umso mehr Leute man an bestimmten Schaltstellen kennt, desto mehr kann man erreichen. Rocko teilte mir mit, welche Bauten seitens der Stadt geplant wurden. Richtig unter die Arme gegriffen hat er mir aber nur bei einer einzigen Sache. Ich hatte die Wichmannstraße 5 gekauft, und der Kaufpreis war fällig. Ich sagte zu ihm: »Das dauert noch etwas, wir müssen das rauszögern, ich bin noch nicht flüssig, die Bank kommt nicht aus dem Knick.« Vor Gericht sagte er dann, wir seien zum Stadtkämmerer gegangen, um das mit ihm zu klären. Wir seien niemals bei ihm gewesen, meinte der Stadtkämmerer da. Natürlich waren wir dort. Aber der Stadtkämmerer war beim Prozess noch im Dienst, den wollte ich nicht in die Pfanne hauen. Jetzt würde er wahrscheinlich die Wahrheit sagen.

Ein paar Wochen später sagte Rocko: »Du hast immer so schöne Handys.«

»Kannst du auch haben.«

»Aber das kann ich mir nicht leisten.«

»Das strecke ich dir vor. Du bekommst so ein Handy. Das zahlst du mir später.«

Irgendwann musste sein Auto in die Werkstatt. Er fragte, ob ich die Kosten auslegen könne, unter der Prämisse, dass er sie zurückzahlt. Es wurde nie etwas zurückgezahlt. Er musste mir dafür nur kleine Gefallen tun.

KALLE • Der Typ vom Liegenschaftsamt bekam auch Geld von uns, das hatte mit Koks nichts zu tun und war strategisch für die Zukunft wichtig. Der ist den Bullen dann nebenbei mit ins Netz gegangen, was den Vorwurf der Bandenkriminalität stärkte, genauso wie die bestochene Frau vom Ordnungsamt. Die geflossenen Summen waren gering, das waren kleine Hilfsdienste, aus denen die Staatsanwaltschaft dann große Verbrechen der üblichen Verdächtigen baute. Das war ihr Kerngeschäft, und sie beherrschten es gut.

Der Junge vom Liegenschaftsamt war pleite und hatte eine teure Freundin. Er saß in einer Position, die interessant für uns war. Große Geschäfte hat er nicht vermittelt, zumal die Stadt damals heruntergekommene Immobilien verkaufen musste, um einerseits die Stadtkasse aufzubessern und andererseits dem Verfall der Häuser Einhalt zu gebieten. Um die Immobilien kümmerte sich Olli, wie die Käufe zustande kamen, hat mich nicht interessiert, solange die Summe unterm Strich blau und nicht rot war.

Beim Kauf des Puffs hatte ich direkt mit Liegenschafts-Rocko zu tun. Irgendwann wollte ich das Grundstück kaufen, ein Eckhaus. Früher eine Kneipe mit Wohnung, das war für uns das Zeichen, wir können einen Puff draus machen. Die Vorbesitzerin ging bankrott, und es kam zur Zwangsversteigerung. Da haben wir zugeschlagen.

OLAF KAMRATH • Dann gab es Frau Fischer beim Ordnungsamt. Sie hat sich bei mir gemeldet, Probleme zu Hause, ob ich ihr ein Darlehen geben könne. Sie war die Chefin, unter anderem zuständig für die Prüfung von Spielotheken. Beim Ordnungsamt jemanden zu haben, konnte nicht schaden. Die haben manchmal unerwartete Prüfungen vorgenommen. Die können dir richtig auf den Sack gehen. Sie bekam ihr Darlehen von 3000 Euro und ließ uns in Ruhe wirtschaften. Später hat sie wegen der Sache ihren Job verloren, das tut mir leid.

2004 wollten wir den Jachthafen in Neuruppin bauen, kurz bevor wir verhaftet wurden. Wir wollten von der Treuhand ein Grundstück am See kaufen und mit Fördermitteln einen Jachthafen draus machen. Kalle, Ralle und ich hatten mit A. als Prokuristen eine GmbH gegründet, die Seetor Invest

GmbH. G. bekam fünfhundert Euro im Monat und sollte uns die Türen öffnen. Er erklärte uns die Strukturen, er war Lobbyist, verkürzte die Wege. Beim Staatssekretär bekamen wir durch ihn sofort einen Termin. A. sagte: »Okay, spendet dem Peters von der SPD noch fünfhundert Euro.« Er empfahl uns auch, der Mittelstandsvereinigung der CDU etwas Geld zu spenden, 1000 Euro mit Parteispendenquittung zu Händen Herrn Keller, der jetzt noch Europaabgeordneter ist. Ich traf mich mit Keller zum Abendessen beim Italiener. Vor Gericht kam alles raus, sie mussten alles zurückzahlen, alle am Arsch.

Letztendlich bin ich aus geschäftlichen Gründen in die CDU. A. riet mir: »Du musst in die Mittelstandsvereinigung der CDU, dort treffen sich alle Geschäftsleute.« Es ging nicht um Politik, sondern um Geschäfte. Politik machten die faden Nichtskönner, die oft und gern viel redeten. Kein Unternehmer setzt sich mit denen hin und lässt sich belabern, ohne etwas zurückzubekommen. Man braucht diese Leute, du gibst denen, dem Landrat oder wem auch immer, vor, dass du die gernhast. Und dass du etwas für ihre Partei spenden möchtest. Aber eigentlich geht es dir um etwas anderes. Wenn BioNTech an die CDU, SPD und FDP spendet, denkst du da etwa, dass diese Parteien gegen die entscheiden? Oder E.ON? Deswegen sitzen die Parteien im Bundestag, um RWE, Siemens, Mercedes zu vertreten. So wird Politik gemacht.

KALLE • Bis 2001 führten wir ein abenteuerliches Leben mit der Tendenz, uns aus der Kriminalität heraus ein solides Fundament aufzubauen. Ich wäre auch in die CDU eingetreten, aus geschäftlichen Gründen, dafür ist diese Partei da. War aber nicht notwendig, weil Olli die CDU-Zügel fest in der Hand hatte. Dann engagierten wir diesen Typen für unsere gemeinsame Bauentwicklungsfirma, der früher im Vorzimmer von Schönbohm saß, der öffnete uns alle Türen für diese Fördermittelgeschichte Jachthafen. Die damaligen Bürgermeisterbrüder, von Beruf Sohn, saßen auch mit im Boot. Die haben die Bürgermeistersöhnchennummer ziemlich raushängen lassen und waren in Neuruppin nicht beliebt, aber sie besaßen den Pachtvertrag für die Fahrgastschifffahrt und zahlten der Stadt dafür Prozente. Denen ging es immer gut, zumindest taten sie so, als läge Gold unter ihrem Birnbaum. Als wir dann im Knast waren, hat die Stadt die Söhne schnell fallengelassen wie eine heiße Kartoffel.

OLAF KAMRATH • Der Bürgermeister war von der Linkspartei, die Söhne sind später zur CDU gewechselt, war besser für die Geschäfte, denk ich mal. In der Stadtpolitik geht man mild miteinander um, in einer Kleinstadt kannst du nicht ohne die anderen agieren. Parteien spielten nicht die große Rolle, im Stadtparlament zählte die Sacharbeit.

Als man in Frankfurt/Oder die Ermittlungen gegen uns einstellte, war die Neuruppiner Staatsanwaltschaft angepisst, weil ich mit Schönbohm und der Justizministerin in der Zeitung und bei Empfängen auftauchte. Ich übergab Schönbohm damals ein T-Shirt, darauf stand: »Tut was – wir tun was!« Damit wurde Schönbohm in der Zeitung abgelichtet, das war zu viel.

Als Joschi und Franky weitermachten, nahm die Staatsanwaltschaft vielleicht an, ich sei wieder der Drahtzieher. Ich störte. Als CDU-Politiker und als mutmaßlicher Drogendealer. In Neuruppin saßen das Landgericht und die Staatsanwaltschaft, die ganze Stadt laberte, die hörten beim

Mittagessen dies und das. »XY könnte die ganze Stadt überdachen, wenn sie wollte …«, »XY gehört bald halb Neuruppin …«, das ging mir ganz schön auf die Nerven!

FRANKY • Unseren Bullen Toni kannte ich seit meiner Kindheit. Seine Mutti war meine Lehrerin, und seine Schwester ging in meine Klasse. Wir haben auch mal zusammen gespielt, er war aber mehr mit meiner Schwester zugange und durfte bei uns zu Hause Westfernsehen gucken. Seine Eltern waren rot angehaucht, die guckten kein Programm des Klassenfeindes. Er liebte *Bonanza*.

Und dann war er in den 80ern auf einmal Bulle. Verstand ich nicht. In den 90ern war er Einsatzleiter in Neuruppin. Er kam gern in die Bar, um ein Feierabendbier zu trinken. Es war niemals der Plan, ihn als Informanten zu gewinnen, das hat sich fließend ergeben. Irgendwie hat er in der Bar zwei beim Koksen auf dem Scheißhaus getroffen.

»Ups, sorry.«

»Willst du auch?«

»Hab kein Geld.«

Die wussten nicht, wer er war, und haben ihm einfach eine Line spendiert. So hat er mir das zumindest erzählt. Die Wirkung des Kokains hat ihm anscheinend gefallen. Er war total auf Sendung, die ganze Nacht. In der Folge gab ich ihm öfter mal was. Eine Hand wusch selbstverständlich fortan die andere. Er teilte uns mit, wenn mit Razzien zu rechnen war, wo Kontrollen stattfanden, wenn auswärtige Bullen in Neuruppin rumschnüffelten. Hin und wieder hat er auch mal was Kleines im Polizeicomputer recherchiert. Kleine Sachen, die für uns durchaus nützlich waren. Dafür bekam er regelmäßig Kokain.

OLAF KAMRATH • Es gab diesen Bullen, den Neuruppiner Kripobeamten Toni. Den kannten wir aus der Grundschule, er war der Gartennachbar von Franky. Uns kannten alle Neuruppiner Polizisten, wenn sie uns nachts anhielten und erkannten, durften wir weiterfahren.

Toni war regelmäßiger Kokskonsument. Das wusste ich, er bekam aber von mir nichts. Er war unser Tippgeber im Neuruppiner Revier, er kam in die Bar: »In zwei Tagen ist da und da Razzia, achtet mal drauf. Im Bordell oder an anderen Orten.« Ich bezahlte ihn nie, um die Gegenleistung kümmerten sich andere. Er wurde später im Rahmen der Ermittlungen suspendiert und war schnell am Ende. Er wurde von der Staatsanwaltschaft ausgequetscht. Als Zeuge vor Gericht konnte er nicht viel beitragen.

JOSCHI • 2003 konsumierten wir noch Koks, dealten aber nicht mehr. Als ich raus war, haben die anderen auch nichts mehr mit Drogen gemacht. Olli und Kalle waren raus aus dem Geschäft, Franky in Österreich im Knast. Mit Franky versuchte ich 2004 wieder was aufzubauen, ich war aus allen Firmen raus, wurde abgefunden, hatte aber keine Perspektive mehr. Wir fuhren nach Amsterdam und ließen die alten Beziehungen aufleben. Frankys alte Kontakte fanden wir durch einen Zufall wieder, Franky erkannte die Leute, als wir die einschlägigen Viertel in Amsterdam abliefen. Wir besprachen neue Deals und kamen ein paar Wochen später mit Geld zurück. Dabei wurden wir Zeugen einer Messerstecherei, Bullen überall. Wir dachten zuerst wegen uns. Ich bekam fast einen Herzinfarkt und fuhr fortan nicht mehr nach Amsterdam. Die Touren wickelte in der Folge ein Fahrer für uns ab, der nicht wusste, was in dem Koffer war, der unten am

Auto hing. Am Koffer war ein Peilsender angebracht, sodass wir die Route jederzeit verfolgen konnten, eine Box mit einem schweren Magneten. Wir fingen mit einem halben Kilo an und steigerten uns danach. Koks, Pillen, solches Zeug. Wir hatten einen Großabnehmer, das Zeug loszuwerden, war nach wie vor kein Problem. Das wäre wahrscheinlich weitergewachsen und böse geendet, wenn es nicht vorher zur Verhaftung aller gekommen wäre.

Olli und Kalle mutmaßten, dass wir das Geschäft weiterbetrieben, waren aber raus. Ausgesprochen habe ich mich mit Olli über alles erst im Knast. Kalle wollte sauber bleiben, auch er hatte die Zeichen der Zeit erkannt und war wie Olli auf dem Weg in die Seriosität.

Vor der Verhaftung lernte ich die Russin Natalia in Mujus Puff kennen und hatte eine kurze Liaison mit ihr. Ich löste sie aus dem Puff aus und lebte mit ihr in der Schäferstraße über Frankys Bar zusammen. 2000 wurde unser gemeinsamer Sohn geboren. Sie war während der Zeit wegen Visaproblemen in Russland und rief mich an, sie sei schwanger von mir. Meiner neuen Freundin in Neuruppin erzählte ich irgendeine Geschichte, die Franky deckte, und bin sofort nach Moskau geflogen. Olli hat Natalia dann nach Deutschland zurückgeholt, hat sich um ihr Visum gekümmert, ihr eine Wohnung besorgt und Geld gegeben. Ich bin ihm dafür sehr dankbar.

ECKI • Eine harte Nummer war Rumänien. Ich hatte vorher gesagt: »Ich komme überall mit, aber nach Rumänien nicht. Im Höchstfall mit dem eigenen Panzer, alles andere könnt ihr vergessen.« Am nächsten Tag fuhr ich Olli nach Rumänien. Geschäfte. Welche, wusste ich nicht, er hat mit den Rumänen allein gequatscht, mich bisschen außen vorgelassen, war mir auch scheißegal. Ich sagte zu meiner Frau: »Manuela, ich fahr mit Olli mal 'ne Stunde nach Rumänien.«

»Wie, eine Stunde?«

»Okay, drei Tage, so durch Ungarn, mal richtig Gulasch essen.« Dachte dann, ich muss sterben an dem Scheiß, war natürlich ein richtig richtiges Gulasch.

Kurz hinter der Grenze wurden wir von Rumänienbullen angehalten. Ich guckte Olli groß an. »Was wollen die denn mit der Kalaschnikow?« Raus aus dem Auto, rein in das Gebäude, an die Wand mit Kalaschnikow im Anschlag, abgetastet. Dann mussten wir in einen Raum, erst einzeln, dann beide zusammen, und wurden zu nachtschlafender Stunde verhört. Die Rumänen haben irgendwas auf Rumänisch gequatscht, wir auf Deutsch irgendwas geantwortet. Keiner hat den anderen verstanden. Ich packte meine Blutdrucktabletten aus, da lachten sie zum ersten Mal. Deutsche Weicheier, haben für alles eine Tablette, hahaha. Olli hatte mir vorher heimlich 2000 Mark zugesteckt.

»Nimm mal die 2000 Mark.«

»Wieso ich?«

Das Ende vom Lied: Die Arschlöcher haben uns verhört, weil sie Langeweile hatten. Die wollten Geld.

Später kamen zwei von der Geheimpolizei rein, in Ledermänteln. Dazu eine olle Dolmetscherin. »Ich glaube, es gibt große Problem, sie müssen nach Bukarest in Haft.«

Olli drohte mit der Botschaft. Die Rumänen schlugen sich auf die Schenkel. Ich dachte, das war's, die knallen uns ab und verbuddeln uns irgendwo. Dann meinte die Dolmetscherin zu Olli, wenn wir etwas für rumänische Waisenkinder spendeten, wäre alles gut. Olli sagte: »Eine Spende für die armen Kinder, warum habt ihr das nicht gleich gesagt.«

Ich wollte nicht mehr weiter, hatte die Schnauze voll von der Scheiße. Olli sagte: »Nein, wir fahren da jetzt rüber.« Bezahlt, rübergefahren, ab ins Hotel in einer großen Stadt hinter der Grenze. Ich nahm mir ein Messer vom Esstisch und schlief mit dem Messer in der Hand ein.

Am nächsten Morgen kam irgendein Deutsch sprechender Rumäne zu Olli. »Mensch, im Hotel Transsilvanien habt ihr geschlafen? Glück gehabt. Bisher wurde dort jeder Ausländer überfallen.« Ich schiss mir in die Hosen, wer weiß, was hier noch passiert. Olli aß lächelnd, als ob nix wäre, ich bekam nichts runter.

Wir mieteten uns ein Taxi und sind mit dem Rumänen in eine Kneipe gefahren. Jim Beam für eine Mark, die Welt war für mich schlagartig wieder in Ordnung. Rumänien hielt ich nur im Suff aus. Abends sind wir in eine schicke Kellerbar gegangen. Plötzlich traten die beiden Typen von der Geheimpolizei durch die Tür. Mir ist der Wein auf halber Strecke hängengeblieben. Ich direkt wieder zum Gremlin mutiert und wollte denen an den Hals. Die lachten und setzten sich an unseren Tisch. Die waren Bekannte von unserem Ortsganoven, er machte mit ihnen Geschäfte. Wir tranken Brüderschaft, scherzten über die Nacht an der Grenze. Sie packten ihre Knarren aus, einer hielt sie seinem Kumpel aus Spaß an die Rübe. Am Ende meinten sie, ein Passvergehen sei die eigentliche Straftat gewesen. Tatsächlich hatte ich meinen schicken BRD-Ausweis in Neuruppin gelassen und aus alter Gewohnheit nur den Ostlappen dabei. Danach konnte ich kaum schlafen, was, wenn wir hier nicht mehr rauskommen, ohne richtigen Ausweis.

An der Grenze packte Olli dann gleich fünfzig Mark in den Pass, und alle waren glücklich.

UNDERCOVER

FRANK WILLMANN • Aus einer internen Akte des vom LKA eingeschleusten verdeckten Ermittlers gehen allerhand Berichte hervor, die die lückenhafte und nebulöse Geschichte des V-Manns »Achim« erzählen. Achim tauchte erstmals am 19. September 2000 um 20 Uhr 30 in Frankys Bar auf. Er wird als schlanker, schlaksiger, intelligenter Durchschnittstyp beschrieben. Bei seinem ersten Besuch in der Neuruppiner Räuberhöhle erschien er in Anzug und Krawatte und erkundigte sich bei der Barfrau nach einem Immobilienmakler, weil er eine Wohnung in Neuruppin mieten wolle. Einigen der anwesenden Jungs kam er merkwürdig vor, sie hielten ihn sofort für einen Bullen. Besonders resolut war Ecki, der ihn bereits beim ersten Treffen verarschte und meinte, er sei ein ehemaliger NVA-Elitekämpfer und ziemlich gefährlich.

Zu bestimmten Treffen wurde Achim von zwei Herren begleitet, ebenfalls verdeckte Ermittler. Mindestens zweimal hatte er Polnisch sprechende Kollegen dabei. Man legte sehr umsichtig einen Köder aus: Kokainschmuggel mit Containern nach Australien im großen Stil. Als weder Kalle noch Olli oder Franky den Köder schluckten, konzentrierten sich Achims Bemühungen auf Blinke, ein kleines Rädchen im Getriebe, einen süchtigen Kleindealer und selbsternannten

Sicherheitsmitarbeiter. Bis die Akte abbricht, hatte er Blinke über viele Monate so weit bekommen, dass er mit ihm einen Deal über ein bis zwei Kilo starten wollte. Blinke meinte, wenn das funktionierte, würde die Familie später einsteigen, aber der erste Deal würde über ihn laufen.

Warum Blinke nicht vor Gericht stand, obwohl er sich laut V-Mann-Berichten vor Achim mit relevanten Straftaten gebrüstet hatte – so sei er etwa 1996 bei einem Mord dabei gewesen – beziehungsweise diese sogar vor Achims Augen begangen hatte – Besitz eines scharfen Revolvers, Drogenhandel, Erwähnung diverser Betäubungsmittel- und Betrugsstraftaten –, kann nur spekulativ beantwortet werden, weil er weder als Kronzeuge noch als V-Mann im Prozess oder in irgendwelchen Gerichtsakten auftaucht. Vielleicht war es auch einfach zu aufwendig, ihn aus Norwegen herzuholen.

Vom 19. September 2000 bis zum 19. Februar 2002 war Achim als verdeckter Ermittler in Neuruppin unterwegs. Immer wieder besuchte er an mehreren Tagen hintereinander die einschlägigen Kneipen, Bars, Discos und Spielotheken. Achims anfängliche Legende lautete, er sei ein Weinhändler aus Mannheim und wolle sich im schönen Neuruppin niederlassen, weil er in der Fontanestadt mit ihrem Weinfest im Sommer und den vielen gut bestückten Rentnern neue Märkte witterte.

Nach jedem Treffen fertigte er sachlich gehaltene Protokolle an, in denen er die angetroffenen Personen beschrieb und die Gespräche wiedergab. Es wird anfangs bestimmt frustrierend für ihn gewesen sein. Aber weil sein Einsatz vermutlich langfristig genehmigt worden war, finden sich keine leisen Zweifel oder Befürchtungen in der Akte.

Achim blieb Olli gegenüber zurückhaltend und sprach nichts Illegales an. Inzwischen hatten Olli und Co. Achim und dessen Auto wiederholt von ihrem Bullen überprüfen lassen. Es gab ein paar Auffälligkeiten, also verhielten sich alle wachsam und beschlossen, Achim gewähren zu lassen. Schließlich wüsste man bei ihm, woran man sei, und wenn schon verdeckte Ermittler, dann wenigstens einer, den man kenne und im Auge behalten könne.

Am 12. Januar 2001 bot Blinke Achim an, ihm in Hamburg bei einem Treffen gegen zweihundertfünfzig Euro Personenschutz zu gewährleisten. Fortan war Blinke Achims Kontakt Nummer eins.

Vom 24. Februar bis zum 8. März 2001 flogen Achim und Kalle zusammen zur Formel 1 nach Melbourne. Kalle erzählte von seiner Knastzeit und der russischen Prostituierten, die ihn mit ihrer Aussage, er hätte sie zur Prostitution gezwungen, seinerzeit hinter Gitter gebracht hatte. Sie sei ihm von einem Berliner Türken vermittelt worden, als sie aber schon am ersten Tag in Neuruppin in einer Drogerie klaute, ließ Kalle sie wieder von dem Türken abholen. Auch von den Immobiliengeschäften in Neuruppin, die sie wunderbar entspannt abwickeln konnten, erzählte Kalle. Sie prahlten beide mit ihren geschäftlichen Erfolgen.

Achim und sein australisch-deutscher Bekannter erzählten Kalle zur Legendenentwicklung von ihren anscheinend nicht ganz legalen Import-Export-Geschäften. Sie wollten ihn in Sicherheit wiegen, ohne konkret zu benennen, was sie genau trieben. Ziel der Reise war für Achim, das Verhältnis zu Kalle zu verbessern. Ziel erreicht, konstatierte er in seinen Aufzeichnungen, sie seien sich nähergekommen.

Am 28. März 2001 fuhren Achim und Blinke nach Hamburg.

Ziel war die Verfestigung von Achims Import-Export-Legende. Zum Schein traf Achim am Flughafen einen zweiten verdeckten Ermittler. Das Treffen sollte Blinke suggerieren, Achim würde sich mit einem Kontaktmann treffen, um illegale Verschickungen nach Australien zu planen.

Blinke erzählte Achim im Auto von Ollis vermeintlichen Geschäften und meinte, in Neuruppin herrsche große kriminelle Energie, viele der städtischen Beamten und Angestellten wären bestochen. Blinke versicherte, er könne Kokain in einer Größenordnung von einem bis zehn Kilo besorgen. Wenn Achim das nach Australien schmuggeln wolle, sei Blinke sein Mann. Bei größeren Mengen müsse Blinke mit den anderen in der Familie reden. Blinke sagte nicht, wer zur Familie gehörte, und Achim fragte nicht nach.

Blinke erzählte Achim von einem bestochenen Beamten des Liegenschaftsamtes, dem er mehrere Telefone besorgt habe. Außerdem seien zu dessen Vergnügen Feiern mit netten Damen veranstaltet worden, und er habe 1600 Euro geschenkt bekommen. Ähnliches soll Achim auch von Kalle erzählt worden sein. Kalle erzählte Achim außerdem, dass sich, nachdem sie gemerkt hatten, dass Rechtsanwalt Herbrecht kein Wessiabzocker sei, viele gute Situationen ergeben hätten. Sie hätten ihm auch Mandanten vermittelt. Er sei ein Teil ihrer Gemeinschaft geworden und genieße ihr Vertrauen.

18. April 2001, Frankys Bar, Toilette: Blinke legte drei Lines und lud Achim zum Koksen ein. Achim ging zum Schein darauf ein und wischte das Koks heimlich weg. Wegen der Sichtverhältnisse vor Ort hätte das Blinke nicht sehen können.

18. Mai 2001: Polizist Hagen wurde in Frankys Bar von

dem betrunkenen Kleinkriminellen Riko verprügelt. Hagen erzählte Achim, dass er Bulle sei, und entschuldigte sich dafür. Achim müsse verstehen, man hätte es als Polizist nicht leicht, würde wenig Geld verdienen und müsse seine Birne hinhalten, wenn der brave Bürger sich bedroht fühlte. Hagen wollte Riko anzeigen, ließ aber laut Blinke nach einer Intervention der Familie davon ab, um kein Aufsehen zu erregen. Er könne Polizisten, die korrupt würden, verstehen, meinte Hagen zu Achim, das sei auch nicht so schlimm, wenn man es, wie er, im Griff hätte und wisse, wo die Grenzen liegen.

Leider erfährt man nicht, ob und wann der Deal zwischen Blinke und Achim zustande kam, beziehungsweise wieso er nicht zustande kam. Ebenfalls bleibt unklar, warum Achim abgezogen wurde. Wurde er enttarnt? Oder hatte er einen Informanten rekrutiert, dessen Identität man nicht preisgeben wollte, um den späteren Prozess nicht zu gefährden? Im Prozess tauchten zwar keine Aussagen eines Informanten auf, das bedeutet aber nicht, dass es keinen gegeben hatte.

2002 verschwand Blinke nach Skandinavien. In den Folgejahren erschien er hin und wieder in Neuruppin. Polizeilich wurde er nie belangt.

OLAF KAMRATH • Mir fiel jeder Neue auf, der in Neuruppin herumkrauchte. Wenn Kalle sagte: »Mir liefen da wieder zwei Typen hinterher«, wusste ich schon, wen er meinte. Ich konnte Zivis riechen. Wenn bei uns an der Tür oder schräg gegenüber eine Weile einer rumstand, wuchs mein Misstrauen. Wenn ich die dann auch noch woanders rumstehen sah, fuhren meine Antennen aus.

Dann war plötzlich ein Mann in Frankys Bar. Er sagte, er

heiße Achim und suche eine Wohnung. Schon merkwürdig, kam einer in unsere Kneipe und fragte nach einem Immobilienmakler. Erst einmal sacken lassen. Er hat sich später bei Kalle gemeldet. Weil sich nebenan Kalles Immobilienbüro befand. Übernachtet hat er in der Siechenkapelle, im Hotel. Er rannte von dort quer durch die ganze Stadt in irgendeine Kaschemme und sprach den Erstbesten mit Glatze und Bomberjacke an. Mir war klar, dass da irgendwas faul war.

Ab dem Moment traf ich Achim jeden zweiten Tag irgendwo in der Stadt. Ich ging spazieren. Wer kam mir entgegen? Der Achim. Ich betrat eine Bar. Wer saß dort? Der Achim. Ich ließ sein Autokennzeichen von einem unserer Bullen überprüfen. Das Nummernschild ließ sich nicht zuordnen. Eine zweite Überprüfung ergab, dass es über eine Aktiengesellschaft in München lief. Wir stellten Achim zur Rede. Er sei Weinhändler. Unser Weinexperte meinte nach einem Gespräch mit Achim, der hat von Wein keine Ahnung. Schlechte Legende. Später sagte er, er müsse untertauchen und sei deshalb in Neuruppin gelandet. Wenn einer untertaucht, dann doch nicht in einer Kleinstadt, wo er sofort auffällt. Wenn ich untertauche, tauche ich in einer Großstadt unter. Ab dem Tag wussten wir, das ist ein Bulle. Bei uns hieß er nur der Verdeckte. Ich sagte: »Lasst ihn doch hier sitzen. Dann schicken sie uns wenigstens keinen anderen.« Achim war der Idiot in der Familie. Er lud uns zum Beispiel zu seiner Wohnungseinweihungsfeier ein, wir sagten zu, aber natürlich ging keiner hin.

Kalle hat öfter mit ihm gequasselt. Ich sagte immer nur kurz und bündig: »Hallo«, »Tag«, »Tschüss«. Wenn ich ihn irgendwo traf: »Hallo, na, wie geht's? Alles klar? Ich komme gleich wieder.« Er muss sich bei uns wohlgefühlt haben, er hat sogar seinen Aufenthalt verlängert. Zwei Jahre lang tauchte er in unterschiedlichen Abständen in Neuruppin auf. Bis zu Frankys Verhaftung in Österreich, dann war er plötzlich weg.

Er hat versucht, an Blinke ranzukommen, das war ein kleiner Handlanger, ein Wichtigtuer. Blinke genoss unsere Nähe und hatte einen Gangstertick. Langer Ledermantel, Knarre. Blinke ist mit ihm nach Hamburg gefahren, er hatte Blinke als Bodyguard gemietet. Blinke wollte seine Knarre in Achims Handschuhfach legen, dann lag da schon eine. »Ja, ich muss mich verteidigen können. Weißt du, wie das ist? Hast du schon einmal eine Knarre am Kopf gehabt?« Mit irgendwelchen Containern wollte Achim Koksgeschäfte anjuckeln. Wir dachten, was soll er groß ermitteln, wenn wir in seinem Beisein nichts Illegales machen?

FRANKY • Achim stiefelte um die Jahrtausendwende in die Bar. Meine Angestellte bediente am Tresen, und zwei daddelten am Spielautomaten. Er fragte Silke nach einem Immobilienmakler. Silke rief Kalle an, und Achim kam anderntags wieder in die Bar, um sich mit ihm zu treffen.

»Wie hast du denn die Bar gefunden?«

»Tipp der Hotelchefin.« Die Alte vom Hotel stand mit mir auf Kriegsfuß. Sie hatte getratscht, meine Bar wäre ein Puff und Drogensüchtige gingen ein und aus.

Ich wusste, der spinnt, auch wenn er Anzug und Krawatte trug. Er hat nicht in die Bar gepasst. Zu gut gekleidet, eine großstädtische Ausstrahlung, bürgerliches Charisma. Frankys Bar war zwar sauber und gepflegt, zog aber verrückte Typen an. Zuhälter, Leute aus dem Milieu, Kriminelle aus Berlin, Hooligans, Glatzköpfe und Halbweltfreunde. Keiner von denen kannte eine Krawatte. Und der kommt mit dem Anzug reinspaziert und erzählt mir was von Im- und Export.

»Was hat das zu bedeuten?«, fragte ich.

»Du willst einen Container von Südamerika, von Kolumbien nach Europa schicken, das übernehme ich.«

»Kolumbien? Was soll ich mit Tropenholz? Oder Brasilien? Zeug von dort brauche ich nicht.«

Ich sagte gleich Olli Bescheid, das Ding stank. Wir vermuteten, dass er ein Bulle sei, und fassten ihn mit spitzen Handschuhen an. Bis auf Blinke gaben wir ihm aber nicht das Gefühl, ihn für einen Bullen zu halten, und stellten uns doof.

Zu meiner Geburtstagsfeier lud sich Achim selbst ein und brachte sogar noch zwei Typen mit. Die Bude richtig voll, ein paar Stripperweiber, auf einmal Blaulicht. Draußen stand unser Neuruppiner Bulle mit einem Geschenk für mich. Achim sah das. Da muss irgendwas bei ihm Klick gemacht haben. Denn am nächsten Tag sprach er mich an: »Franky, Scheiße, wir sind gestern noch angehalten worden. Zu schnell gefahren. Kannst du da was machen?«

»Wenn ich was machen könnte, hätte ich keine 16 Punkte.«

Achim war gefühlt jeden Tag da. Doch als der Richter ihn fragte: »Wie viele Geschäfte konnten Sie denn einfädeln?«, musste er antworten: »Keins.«

»Wie viele Geschäfte konnten Sie beobachten?«

»Keins.«

»Sagen Sie, was haben Sie denn da gemacht die ganzen Jahre, außer gut gelebt?« Hat der Richter gesagt, fand ich nicht schlecht.

Blinke war einer unserer Fußsoldaten, ein Blender, hat sich gern als Bodyguard aufgespielt, als Mister Superhart. Er hat Achim mal auf dem Klo eine Line gelegt.

»So, wenn du ein Bulle bist, dann darfst du nicht koksen. Los.«

»Ich bin kein Bulle, ich ziehe.«

Laut Blinke hat Achim die Line gezogen. Im Gerichtssaal sagte Achim, er hätte die Line weggepustet. Er muss ein Magier gewesen sein – seine pustet er weg, Blinkes bleibt liegen.

Später wollten er und Blinke Geschäfte mit Kanada abwickeln, es blieb beim Gerede. Blinke war ein kleines Licht, der nichts von uns wusste. Vielleicht hat er ein Geschäft gewittert, vielleicht war er auch einfach nur blöd. Er hat versucht, Achim zu ködern: »Pass auf, ich habe einen Typen umgelegt. Einen Vietnamesen. Ein nicht aufgeklärter Mord im Zigarettenschmuggel- und Zockermilieu. Wenn du ein Bulle bist, muss ich verhaftet werden. Das war Mord. Und dann weiß die Familie Bescheid, dass du ein Bulle bist.« Blinke hat so ein Mafia-Familiending gelebt. Er kannte den *Paten I* bis *III* auswendig und wollte unbedingt zu einer Mafia gehören, egal zu welcher, Hauptsache Mafia. Als mein Führerschein mal einen Monat weg war, ließ ich mich von ihm rumfahren. Er hat einen auf Personenschützer gemacht, so mit Tür aufhalten, angestrengt gucken und Sonnenbrille. In der Hierarchie hatte er nichts zu melden.

ZUGRIFF

OLAF KAMRATH • Es gibt unterschiedliche Darstellungen. Mal waren es zweihundert, mal sechshundert Polizisten, die den großen Schlag gegen das Organisierte Verbrechen in Neuruppin vornahmen. Fakt ist, die Infos zu den Verhaftungen hatten nur sehr wenige Leute, keiner von unseren Informanten wusste etwas, die Staatsanwaltschaft hat es bis zum Schluss geheim halten können.

Ich war der Meinung, mich könne nichts mehr tangieren, weil ich raus aus dem Drogenhandel war. Naiv dachte ich: Na gut, wenn sie zu dir kommen und keine Drogen finden, dann müssen sie wieder gehen. Ich rechnete überhaupt nicht damit, dass da noch was passieren könnte. Ein Trugschluss. Die Vergangenheit war wie weggewischt für mich. Ich hatte nachts keine Angst mehr vor Polizeirazzien, ich war ja raus.

Und dann kam der 18. August 2004. Das Datum vergisst kein Neuruppiner, alle wissen noch heute, was sie an diesem Tag gemacht haben.

Polizei und Staatsanwaltschaft zogen bei uns eine Hausdurchsuchung durch, inklusive Keller, Dach, Nebengebäude. Mit Drogenhunden, das volle Programm. Meine Schwiegereltern nebenan wurden nicht behelligt, aber unser Hof und die Häuser ringsum wurden abgesperrt. Die ganze Stadt wurde belagert, all unsere Spielhallen, unsere Häuser, die Kneipe.

Zeitgleich waren sie bei Rocko, unserem Mann in der Stadtverwaltung, bei Toni, dem Polizisten, bei Frau Fischer vom Ordnungsamt. Bei unserem Anwalt Herbrecht sind sie auch eingeritten, er schickte uns andere Leute zur Unterstützung vorbei. Binnen Kurzem wurden aus unseren braven Neuruppiner Staatsanwälten gefeierte Helden wider die Mafia.

Die Staatsanwaltschaft Frankfurt/Oder hatte die Ermittlungen nach dem Abzug von Achim eingestellt. Die Staatsanwaltschaft Neuruppin hatte sie wieder aufgenommen, obwohl sie die finalen Zeugenaussagen von Reinke und Hübner erst später im Sack hatten. War nicht ohne Risiko.

Vorm Amtsgericht Neuruppin verlas der Haftrichter den Haftbefehl gegen mich. Ich fühlte mich benommen, wie in einem miesen Film. Ich konnte es noch immer nicht fassen. Dieser letzte Tag in Freiheit suchte mich in den Jahren der Haft immer wieder als albtraumhafte Erinnerung heim.

GERLINDE • Ich war im Kindergarten, als Conny anrief und von der Polizeiaktion erzählte. Ich bin sofort zum Haus. Alles voller Polizei.

»Ich bin die Mutter!«

Die Polizei ließ mich durch, ich konnte mit Olli sprechen. Ich begriff nicht wirklich, was passierte. Ich kam mir vor, als wäre ich als Kleindarstellerin in einen schlechten Krimi gerutscht. Ich war fix und fertig.

Eine Hausdurchsuchung fand sehr viel später statt, als Olli verdächtigt wurde, Vermögenswerte versteckt zu haben, obwohl das XY-Verfahren bereits eingestellt war. Früh um halb acht, meine Mutter war gerade gestorben, Polizei mit Hunden. Sie wollten Olli keine Chance lassen, sich aus dem Dreck wieder hochzuarbeiten.

Eine Mutter aber wird immer zu ihrem Sohn halten, das liegt in der Natur des Menschen. Mutterliebe währt ewig. Natürlich gab ich ihm eine zweite Chance.

CONNY • Ursprünglich wollten wir am 18. August Ollis Geburtstag nachfeiern. Beim Caterer war Essen und Trinken bestellt. Ich rief am Nachmittag an und bestellte das Büfett ab. »Das haben wir uns schon gedacht«, sagte der gute Mann am Telefon und legte auf.

FRANKY • Nach meiner Entlassung aus dem Ösiknast sollte ich für Reinke, der gerade im Knast saß, vorübergehend dessen Puff in Rübehorst leiten. Vorher musste ich aber noch was erledigen. Er hatte einen Ex-Knacki angestellt, der in die eigene Tasche arbeitete. Reinke war angepisst und bat mich um Hilfe. Und weil er mein bester Freund war, sagte ich: »Okay, ich kümmere mich drum.«

Ich mietete ein paar Jungs, solche Typen hast du noch nie gesehen. Der eine sah original aus wie Hulk. Nur Muskeln, kein Fett, eine menschliche Kampfschildkröte. Ich hin zum Puff und hab der Tresenkraft Beine gemacht. »Wenn der Vogel die Kohle holt, gibst du mir vorher Nachricht.« Der Typ hinterm Tresen war ein guter Freund von Reinke. Am nächsten Morgen sollte er kommen. Also postierte ich meine Jungs. Der Typ kam in den Puff und wollte die Einnahmen kassieren. Ich stand am Tresen: »Hier gibt es keine Kohle mehr für dich.« Neben mir stand Hulk mit einer Machete. Der Typ hatte auch seinen Riesen dabei. Hulk schnappte sich dessen Arm, holte aus und wollte ihm ein paar Finger abhacken. »Stopp, Kamerad, warte noch.« Der Riese klopfte auf einen Kachelofen, der ist gleich auseinandergebröselt, der ganze Ofen. Das war nicht der Plan, dachte ich, der sollte heile bleiben.

Der sogenannte Bodyguard sagte: »Ich bin bloß der Kraftfahrer, kein Personenschützer.« Dann hat er sich umgedreht und ist verschwunden.

»Und jetzt zu dir. Du kommst hier nie wieder her, ist das klar? Ab heute ist das mein Laden.«

Er hatte es verstanden. Er wusste, wer ich war und wen ich alles hinter mir hatte. Die nächsten sechs Monate schmiss ich den Laden mit einem Freund.

Ich stellte mal wieder alles auf den Kopf, vorher nur Schrottweiber, jetzt vernünftige Mädels, eine kam aus Rheinsberg, sie war ein Pornostar. Die hatte bei der Venus so einen ollen Pornopimmel-Oscar gewonnen. Der erste Preis, wenn du die beste Fickerin bist. Die sah megascharf aus und war unwahrscheinlich bekannt. Sie saß am Tresen, die Bauern haben die sofort erkannt und standen Schlange. Ich ließ einen Fernseher einbauen, damit denen beim Warten nicht langweilig wurde. Auf dem Bildschirm liefen ihre Pornos. Zickzack, war die Bude voll.

Sie sagte, sie wolle nur die Bar machen, ab und an Fleisch zeigen, aber nicht anschaffen. Dann wollte sie doch anschaffen.

»Wenn du möchtest, kannst du das gern. Von hinter der Bar bis vor die Bar ist es nur ein Meter fuffzich.«

Einmal kam ein Trupp THWler auf Männerurlaub in den Puff zum Feiern und Ficken. Sie legte einen Strip hin, und die THW-Gelder flossen direkt in meine Kasse. Rübehorst, Neuruppin, Rheinsberg, die Männer kamen aus allen Richtungen.

Sie hat immer um fünf Uhr früh Feierabend gemacht.

»Wie sieht es aus, kann ich bei dir in Neuruppin pennen? Ich bin so müde, und bis Rheinsberg ist es echt weit.«

»Ja, du kannst bei mir pennen.« Normalerweise war es nicht mein Fall, Angestellte zu ficken. Aber ich war spitz wie ein Karnickel, heute musste es passieren. Gern bei mir, dann könnte ich am nächsten Mittag noch die Brötchennummer liefern, mit Nutella konnte man eine Menge anstellen.

Ich war eine kleine Schlampe, wenn ich allein lebte, für sie räumte ich meine Bude schön auf. Neben der Couch müffelte eine Tüte vor sich hin. Ich hob die Tüte auf, sie riss gleich. Scheiße, was'n das für Schmadder? Meine Ex-Schwiegermutter hatte sich rührend um mich gekümmert, auch während der Haftzeit. Als ich aus dem Ösiknast zurückkam, sagte sie: »Ich habe hier noch ein paar Sachen von dir aus deinem Tresor in eine Tüte gepackt.« War auch eine scharfe Waffe bei. Sie packte die Waffe rein, noch was zu essen obendrauf, zwei Äppel, ich sollte keinen Hunger leiden. Ich aß aber keine Äppel. Ich stellte die Tüte neben die Couch, dort ruhte sie sich die nächsten sechs Monate aus. Beim Bude Aufräumen riss dann der Henkel, der Apfelkram hatte sich zersetzt, sah aus wie Dünnschiss. Die Waffe rostete fröhlich vor sich hin, eine schöne Bulldog, ein amerikanischer Offiziersrevolver. Die Knarre konntest du gar nicht mehr erkennen, so verrostet war die. Ich legte sie auf die Spüle, die Bude war sauber, ich schmiss Viagra ein, die Alte wollte gegen Sechse da sein.

Auf einmal klingelte es Sturm. Die hat es aber nötig, die Alte, dachte ich. Ich sprang noch mal schnell zum Spiegel, allet schick für den Fick! Aber die Alte stand nicht unten, ich hab sie nie wieder gesehen. Ich ging zum Fenster, überall Bullen und Maschinengewehre, früh um Sechse. In dem

Moment ballerte es schon oben gegen die Tür. Ich öffnete im Schlübber, mit einem Megaständer durch das scheiß Viagra. Die hatten eine Ramme dabei. Die Tür konnte ich gerade noch retten.

Ich war erst im Februar 2004 rausgekommen. Im August 2004 sagten sie sich: Scheißegal, jetzt machen wir den Zugriff. Und dann nahmen sie auf blauen Dunst alle hops, durchsuchten jedes Objekt und kassierten bundesweit die Automaten ein. Im Vorfeld hatten schon öfter welche irgendwas gegen uns ausgesagt, aber das reichte nie für Haftbefehle.

Jetzt riefen die Bullen: »Gesichert! Gesichert!« Einer zeigte mir einen Zettel, Hausdurchsuchung. Die stellten die ganze Bude auf den Kopf, aber keine Gewalt, gar nichts. Hingehockt und gedacht, das ist bestimmt gleich vorbei. Die machen eine kleine Hausdurchsuchung, und dann ist gut. Ich hatte nie was zu Hause. Der Ständer wollte nicht verschwinden.

»Vielleicht sollte ich mal meinen Anwalt anrufen.«

Sie lachten. »Herbrecht, wa?«

»Was lacht ihr denn so?«

Auf meinem Glastisch im Wohnzimmer lagen ein paar Telefonnummern, Holland, Scheiße. Ich legte den Durchsuchungsbeschluss darüber.

Auf einmal rief es aus der Küche: »Treffer! Treffer!« Eine Zuckerdose, eine Kristalldose. Was war drin? Es ratterte in meinem Kopf. Wollten die mir eine Falle bauen, hatten die mir was reingepackt? Der Ständer noch immer aktiv. Der Bulle öffnete den Deckel, darin lagen Chips vom Rummel. Dachten die echt, das sind Pillen? Ecstasy? Wer soll denn so große Teile fressen? Kriegst du gar nicht geschluckt. Die

Bullen waren vom LKA, in Neuruppin wusste keiner Bescheid, dort saß unser Informant, auch er wurde verhaftet.

»Treffer! Treffer!«, tönte es wieder aus der Küche. Sie hatten die verrostete Knarre entdeckt.

»Was ist denn das?«

»Wenn du es nicht weißt, ich weiß es auch nicht.«

Dann hat er aufgeschrieben: »Waffenähnlicher Gegenstand«. Die Ballistik hat das Ding später geputzt und schussfähig gemacht, obwohl es ein Beweisstück war, eine linke Nummer, weil ich nun noch wegen illegalen Waffenbesitzes drankam.

Mein Anwalt Herbrecht rief an und rief: »Totale Panik, die sind überall, du wirst verhaftet.«

Der leitende Bulle: »Ach Mensch, Herr Anwalt, jetzt haben Sie mir den Spaß verdorben. Das wollte ich ihm doch erst zum Schluss verklickern.«

»Alles klar, dann muss ich erst mal scheißen gehen.«

»Ja, gehen Sie.«

Ich hatte die holländischen Telefonnummern inzwischen im Schlübber stecken und versenkte sie im Klo. Vor der Tür ein Bulle mit Maschinengewehr. Ich sagte: »Vorsicht mit der Bleispritze! Wo soll ich denn hinspringen? Hast du mal aus dem Fenster geguckt? Dort stehen bestimmt hundert Bullen auf dem Hof.«

Ich und mein Megaständer wurden nach Frankfurt in die Isolationshaft gebracht. Neben mir saß noch ein Typ in der Minna.

»Wo kommst du her?«

»Neuruppin.«

Der sah aus wie ein Türke. Ich hatte ihn noch nie gesehen, er war aber ein Mittäter. Neben ihm hatten die Bullen noch

Dutzend weitere eingesammelt, die sie für Mittäter hielten. Der Türke war ein kleiner Weiterverticker, wie ich später erfuhr.

Erst in der U-Haft hatte mein Schwanz wieder Normalgröße.

OLAF KAMRATH • Hübner kassierten sie am Tag unserer Verhaftung, er hat ein Lebensgeständnis abgelegt und Reinkes Rolle detailliert beschrieben. Als die Bullen der Sache mit dem beseitigten Zuhälterkonkurrenten auf die Schliche kamen, benutzten sie wohl den Totschlag gegenüber Reinke als Druckmittel: »Wenn du nicht aussagst, hängen wir dir den Totschlag an. Pass auf, es ist ganz einfach. Entweder du stellst dich als Kronzeuge zur Verfügung, oder du kriegst Sicherheitsverwahrung wegen dem Ding mit dem Rübehorster. Das ist der Deal.«

Reinke kippte um. Alle Beteiligten an diesem Verbrechen sind mit kleineren Strafen davongekommen. Der Typ war tot. War ja nur ein Lude, Milieu, egal. Vorm Gesetz sind alle gleich? Pah.

JOSCHI • Früh am Morgen flog die Tür auf, und die Bullen standen in meinem Zimmer. Ich war bereits angezogen, weil ich joggen wollte. Ach du Scheiße, da lag doch noch was im Keller, zwar nicht in meinem, aber trotzdem. Sie stellten meine Bude auf den Kopf, im Kühlschrank ruhten ein paar altbackene Haschkekse, die ich längst vergessen hatte. Ich nahm zu der Zeit keine Drogen, weil ich psychische Probleme hatte und unter Panikattacken litt. Ich entwöhnte mich von den Drogen, war in psychologischer Behandlung. Dem Psychologen erzählte ich von meiner Sucht. Ich konnte nicht mal mehr Kaffee trinken, das war schon zu hart für mich. Die Sucht besiegte ich nach etwa einem halben Jahr, aber bis Körper und Geist wieder normal funktionierten, dauerte es fast zwei Jahre. Als ich im Knast das erste Mal wieder Kaffee trank, bekam ich Gänsehaut auf dem Kopf und habe meinen Mithäftling ohne Punkt und Komma stundenlang vollgequatscht.

Die Bullen schlugen mich bei der Verhaftung nicht, die waren ganz moderat. Von Frankys und meiner neuen Drogengeschichte wussten sie nichts. Ihnen ging es allein um X Y. Ich musste mit in den Keller, das war ein Gemeinschaftskeller, dort standen Farbeimer, daneben lag das Kilo. Sie führten den Hund gezielt in meinen Keller, der war aber leer. Dabei lag das Kokain nebenan, nur in einem Beutel, nicht mal vakuumverschweißt. Im Briefkasten guckten die auch nicht nach, dort lagen ein paar kleinere Päckchen, die einer abholen sollte. Die Bullen fanden nix bei mir, obwohl sie intensiv gesucht haben.

Meinen Mittelsmann konnte ich nach der Verhaftung nicht aus dem Knast anrufen und ihm mitteilen, dass er das Koks wegräumen sollte. Ich saß in Brandenburg in einer Mehrmannzelle, weil es nicht genug Kapazitäten für Einzelzellen gab. Da saß ein gemütlicher Dicker mit drin, der hatte noch eine Woche und ist nach der Haftprüfung raus. Mit dem verstand ich mich gut. Er nahm eine Zeitung mit raus und gab sie bei Muju ab. In der Zeitung hatte ich scheinbar wahllos bestimmte Buchstaben angekreuzt, der Text, der sich daraus ergab, beschrieb das Koksversteck im Keller. Allerdings brauchte man die Seiten- und Zeilennummern, um den Text lesen zu können. Bei einem Familienbesuch gab ich einen Kugelschreiber mit darin versteckten Infos weiter. Mit der Zeitung und dem Kugelschreiber konnte mein Kontaktmann das Koks im Keller orten. Er war vertrauenswürdig und waghalsig genug.

RALLE • Der Automat gewinnt immer. Mir haben die Token am Ende das Genick gebrochen. Genau wie den Zockern, die die ganze Zeit auf eine Glückssträhne warteten.

18. August 2004: Verhaftung, SEK, Hände gefesselt, eine aufs Maul? Nichts von alledem! Am Tag der Verhaftungen stand das LKA frühmorgens bei mir in der Bude. Die waren brav. »Guten Tag, wir haben einen Durchsuchungsbefehl.« Hatte mich selbst verraten, unsere Telefone wurden abgehört. Wir hatten eine Beachparty veranstaltet. Ich hatte am Telefon von einer Sporttasche gesprochen, die voller Geld war. Die Bullen hingen sofort an der Sporttasche. 35 000 Euro, traurig, tschüss. Mehr gab es bei mir nicht zu holen, der Rest war investiert in die Casinos und die Immobilien. Wir haben uns zu diesem Zeitpunkt ein halbes Jahr lang monatlich jeweils 5000 Euro ausgezahlt, blieb richtig was hängen, aber das große Geschäft begann gerade erst. Wir hatten innerhalb kürzester Zeit aus einer Spielhalle acht gemacht. Ich hatte ein nettes Auto, einen BMW. Leider nicht mehr lange.

Ab zum Verhör, Fingerabdrücke genommen, Fotos gemacht. Die fragten, ob ich von den Drogen und so weiter was wüsste. So Richtung guter Bulle, böser Bulle. Dies und das angedeutet, bei mir war alles offensichtlich. Alle Spielhallen platt und die meisten Automaten konfisziert. Aber nicht einen Tag im Knast.

Mit dem Drogenhandel hatte ich nichts zu tun, das war schnell klar. Mein Anwalt handelte einen Deal aus, ich be kam eine Freiheitsstrafe auf Bewährung und eine Geldstrafe wegen illegalen Glücksspiels und Steuerhinterziehung. Wir hatten viele Angestellte teilweise schwarz bezahlt, waren nicht ganz fair beim Umsatz.

U-HAFT

OLAF KAMRATH • Ich wurde im Kleinbus in eine Haftanstalt gebracht. Bis zu dieser Fahrt nach Cottbus wusste ich nicht, dass ich unter Platzangst leide, doch dann hatte ich im Bus plötzlich eine Panikattacke. Der Bus fuhr durch das Tor in die Haftanstalt, man brachte mich in eine Kammer, ich bekam Knastklamotten, Unterwäsche, Strümpfe, Hose, Jacke. Dann wurde ich in die Aufnahmezelle eingeschlossen.

Jeder kommt in eine Einzelzelle, wenn er nicht suizidgefährdet ist. Ich hatte durchgängig eine Einzelzelle. Rechts das Bett, links ein Tisch, ein Stuhl, dahinter eine kleine Toilettenkabine mit Waschbecken und Klosett, ein Regal. Das alles auf acht Quadratmetern Fläche. Kein Radio, keine Uhr, keinen Wasserkocher, aber ein Buch. Ausgerechnet *Stalingrad* von Theodor Plievier, ich las kurz rein, war aber psychisch zu fertig für die Lektüre. Ich flatterte herum wie ein ruheloser Vogel, guckte die Wände an. Pisspott, Schritt zurück, Liegestütze, am Gitter festhalten. Ich wusste nicht, wohin mit mir. Irgendwann brachte wer Abendbrot, Stullen, bisschen Wurst. Eine Tasse aus Keramik, ein Messer, Plasterasierer. Mit diesen Rasierern schliffen sich die Knackis ihre Messer.

Kalle und ich saßen in Cottbus, Franky in Frankfurt/Oder, Joschi und Muju in Brandenburg. Nach Wulkow kam erst mal keiner, das war der Knast, der Neuruppin am nächsten lag. Es hieß, wir könnten dort bevorzugt behandelt werden. Alle außer Ecki kamen später nach Wulkow.

Von zehn bis elf hatte ich Freigang, mit allen anderen aus der U-Haft. Kalle war auf einer anderen Etage untergebracht, für uns galt Tätertrennung. Angeblich bestand bei uns akute Fluchtgefahr, wir durften anfangs keinen Sport treiben und nicht über den offenen Gefängnishof gelotst werden. Man nahm wohl an, wir könnten mit einem Hubschrauber flüchten oder so was in der Art. Ein Gebäude besteht aus mehreren Blöcken. Wenn ich zum Besuchsdienst nach vorne wollte, hätte man mich ums Haus herumführen können. Ich wurde aber durch jeden einzelnen Block geführt und durchgeschlossen, damit ich nicht mit dem Hubschrauber flüchten konnte. Welcher Hubschrauber?, fragt man sich da. Die Freistunde wurde mir aber gewährt. Anfangs sollte es eine Einzelfreistunde sein, das hat der Anstaltsleiter nicht mitgemacht, also Freistunde mit Menschen. In Cottbus konnte ich ab dem ersten Tag nachmittags im Gemeinschaftsraum mit den anderen Leuten meiner Etage zusammensitzen.

Jede Etage hatte so einen Gemeinschaftsraum mit Küche. Man konnte Skat oder Schach spielen, Fernsehen gucken. Auf meiner Etage saßen circa dreißig Mann. Sie klärten mich über die Verhältnisse auf. Um einkaufen zu können, musste jemand für mich auf ein Konto Geld einzahlen. Wenn es mir von der Knastbürokratie erlaubt wurde, konnte ich mit diesem Geld einmal die Woche in einem Raum bestimmte Dinge kaufen. In anderen Knästen bekam man eine Bestellliste. In Cottbus durfte ich im Monat für hundertfünfzig Euro einkaufen. Ich brauchte nur Kaffee, Vitamintabletten und manchmal etwas Leckeres zu essen und kam mit der Kohle klar.

Um sechs Uhr in der Früh guckte ein Schließer in meiner

Zelle nach, ob ich noch lebte. Es gab keinen Zwang aufzustehen, aber nach ein paar Tagen sagte ich mir: Okay, ich stehe jeden Morgen um sechs Uhr auf. Schnell stellte sich ein bestimmter Rhythmus ein. Ich bekam einen Fernseher und ein kleines Radio, nun konnte ich mir die Geschehnisse der Welt in die Zelle holen. Dann einen Wasserkocher. Alles Dinge, die das eintönige Leben im Knast erträglicher gestalten. Das Zeug brachte mir Conny vorbei. Auch eine Tasche mit Privatsachen, damit ich nicht mehr mit der Anstaltskleidung vorliebnehmen musste. Auf dem Hof und in den Zellen durfte man in der U-Haft Privatsachen tragen. Sogar die eigene Bettwäsche brachte Conny mir von zu Hause mit, das war schön. Nach einer Woche durfte mich Conny erstmals besuchen. Endlich konnten wir wieder miteinander reden, am Telefon durfte ich nur mit dem Anwalt sprechen, Privatgespräche waren verboten.

Für alle Sonderwünsche musste ich Anträge stellen. Die Anträge hießen VG 51. Alle Beschwerden, die ich formulierte, begründete ich mit dem Grundgesetz. Analphabeten erlebte ich im Knast viele. Ich schrieb für einige von ihnen, besonders für Jugendliche, ganze Anträge. Ich führte ihre Rechtsanwaltskorrespondenzen. Viele der Jungs kamen aus schrecklichen Familien, die Eltern zerrüttete Junkies, sie selbst saßen oft wegen Beschaffungskriminalität ein. Das waren kleine Leute, die nichts Großes auf dem Kerbholz hatten.

Ich las in der U-Haft massig Akten und gab viele Ratschläge. Jeder, der neu reinkam, tauchte bald bei mir auf. Hatte sich rumgesprochen, dass ich gern half. Irgendwann wurde es mir zu viel, als ich einmal zwei Urteile gleichzeitig las, unfassbar bittere Verbrechen, Akten voll übler Geschichten, mir kräuselten sich die Fußnägel.

Alles, was im Knast schön war oder Erleichterungen verschaffte, musste man beantragen: Sport, Gottesdienstbesuche, alle Verschönerungen der Zelle. Antrag ausfüllen, abgeben und warten, bis irgendjemand in der Gefängnisbürokratie darüber entschied. Das dauerte und dauerte. Es war eine Methode, den Menschen mürbe zu machen. Es hat Monate gedauert, bis ich Fußball spielen durfte. Pfarrer Groß holte mich freundlicherweise fast jeden Tag zum Tischtennis Spielen in sein Pfarramt. Mit ihm verstand ich mich gut, er hörte zu und ließ mich reden. Er fand mich sympathisch und ließ mich manchmal heimlich mit meiner Familie telefonieren. Zum Gottesdienst durfte ich nur jedes zweite Mal, weil Kalle auch hinging und ich nicht mit ihm zusammentreffen durfte. In die Kirche ging ich gern sonntags, um dort Kuchen zu essen und Leute aus anderen Etagen zu treffen. Ich sang auch mal ein Kirchenlied mit, dem Pfarrer zum Gefallen, er war schwer in Ordnung. Später konnte ich auch den Kraftraum frequentieren. Ich durfte allerdings nicht sofort am Gruppensport teilnehmen, weil ich dann über den Hof hätte gehen müssen. Von wegen Hubschrauber und so.

Das Mittagessen nahm jeder allein in der Zelle zu sich, ab 14 Uhr durften alle in den Gemeinschaftsraum. Zum Abendbrot wurde ich wieder eingeschlossen. Ich hatte schnell einen guten Stand, sodass die Schließer uns zum Abendbrot wieder aufschlossen. Sie waren drei, vier Mann, alles Bandidos, die hatten mich ins Herz geschlossen. Das ging nach Nase, diese Leute sorgten intern für Ruhe. Die Beamten müssen mit den Leuten klarkommen und wollen nicht andauernd Stress. Deshalb haben sie die kleine interne Hierarchie gedeckt.

Im Vollzug bist du immer mit denselben Leuten zusammen, man gewöhnt sich aneinander. In der U-Haft dagegen herrscht eine hohe Fluktuation, es treffen unterschiedliche Nationalitäten und Religionen aufeinander, die nicht immer miteinander klarkommen. Alle saßen fröhlich durcheinander auf den Etagen, später in der Strafhaft in Luckau trennte man die Leute nach Haftstrafen. Ich saß wegen unseres Revisionsantrags nach dem ersten Prozess insgesamt dreieinhalb Jahre in U-Haft, danach saß nie wieder jemand so lange in U-Haft. Konkrete, wiederkehrende Träume von der Freiheit hatte ich nicht. Eine lange U-Haft ist tödlich.

Um 21 Uhr war Einschluss, das Licht wurde gelöscht, und der Mensch war mit seinen Gedanken allein. Nun begannen die geheimen Stunden, die Kiffer kifften, die Alkoholiker kippten sich Fusel in die Birne, der Nächste spielte die Nacht über nur Playstation. Jeder musste seins finden.

An einen Ausbruchsversuch verschwendete ich keinen Gedanken. Ein Bekannter aus Kyritz sprang einmal in Handschellen aus einem Fenster des Amtsgerichts und ist losgerannt. Nach vierhundert Metern wurde er wieder eingesammelt. Ein Nachteil, so was bedeutet nämlich verschärfte Haft. Wird aber nicht mit einer verlängerten Haftstrafe geahndet. Nur, wer einer Person bei dessen Flucht hilft, wird bestraft.

Suizide kamen immer wieder vor. Es wurden Löffel geschluckt, Männer schlitzten sich die Pulsadern auf, hingen sich weg. Wenn einer 15 Jahre bekam und ihn die Freundin verließ, sah manch gestandener harter Bursche keinen Ausweg mehr. Die Sozialarbeiter waren permanent überfordert. Ein, zwei Sozialarbeiter für Hunderte. In der U-Haft habe ich nie einen Sozialarbeiter gesehen.

Ich bezog sehr bald die *Süddeutsche Zeitung* über ein Umsonst-Abo für Strafgefangene. Ich glaube, ich war der einzige Leser der *Süddeutschen* im Cottbusser Knast. Es war für mich eine Wohltat, die *SZ* jeden Tag von vorne bis hinten intensiv zu studieren. Sie holte mich aus dem Knastalltag raus und fütterte meine Phantasie. Beim Lesen fühlte ich mich nicht wie eine graue Maus im Käfig, sondern wie ein vergnügter Mensch, der viel Zeit hatte, um sich anregender Lektüre hinzugeben.

Bei anderen Zeitungen war ich darauf angewiesen, dass mir ein Beamter sein ausgelesenes Exemplar überließ. Die meisten Beamten waren großzügig und reichten im Laufe des Tages die *Lausitzer Rundschau* oder die *Bild* weiter. Besonders auf die *Bild* freuten sich viele Knackis, wegen des Aktfotos, das damals täglich die Zeitung schmückte. Die Zeitungen gingen in allen Zellen herum. Genauso wie kleine Pornomagazine, das war Goldstaub im Knast. Den *Playboy* konnte man sogar bestellen. *Playboy*-Besitzer waren privilegierte Knackis – wer genug Geld oder gute Beziehungen besaß, konnte sich das Leben erleichtern. Wenn mich der Sexualtrieb quälte, halfen mir Pornomagazine. Über Sexualität sprach man höchstens so: »Hast du mal wieder neue Tittenbilder?« Damit musste ich mich und meinen Weg finden, um den Knast emotional zu überleben.

Die zweieinhalb Jahre Prozess waren eine Tortur und psychisch schwer für mich zu ertragen. Ich musste mir einen Plan erstellen, um im Kopf klar zu bleiben. Ich lernte schnell, mit der Totenstille im Knast klarzukommen. Besonders in der U-Haft wird das Leben heruntergedimmt. Du kannst den ganzen Tag im Bett liegen, das interessiert keinen. Du musst nicht zur Freistunde, es ist alles freiwillig. Du isst, wenn man dir Essen hinstellt, aber du musst nicht. Ist deine

Sache. Es liegt an dir, was du aus deinen Tagen machst. Mir war eine halbwegs sinnvolle Arbeit wichtig, neben der Lektüre der *Süddeutschen Zeitung*.

Grausam war das Warten auf Post. Ich schrieb Conny und meinen Eltern sehr intensiv und auch einigen Kumpels. Mein Briefwechsel mit Conny begleitete mich durch die nicht enden wollenden Tage. Die ersten zwei Jahre schrieb ich ihr jeden Tag. In der Strafhaft schrieb ich ihr dann seltener, weil wir jeden Tag telefonierten. Meine Eltern schrieben mir regelmäßig und fügten oft Zeitungsartikel bei. Mein Bruder und meine Schwester schickten mir Karten, wenn sie eine Reise unternahmen.

Während des Prozesses war ich nur damit beschäftigt, den nächsten Prozesstag vorzubereiten. Ich verbrachte gut zweieinhalb Jahre mit dem Aktenstudium. Was konnte ich besser machen, worauf meine Anwälte hinweisen? Sie erschienen regelmäßig bei mir zum Rapport.

Ich wollte unbedingt Immobilienwirtschaft studieren. Ich schnitt mir aus Zeitungen Artikel aus und legte Hefter zur Unternehmensgründung und zu GmbHs an, die ich immer wieder las. Ich plante frühzeitig meine Karriere nach dem Knast. Am Ende der U-Haft begann ich dann mit dem Studium der Immobilienwirtschaft. Das erlaubte mir der Richter hochoffiziell noch im Gerichtssaal. Richter Wegner: »Sie haben einen Antrag gestellt, Studium zum Immobilienfachwirt. Wollen Sie Immobilien an die Gefangenen verkaufen?« Die Staatsanwaltschaft, der Richter, der Saal, alle lachten, ich fühlte mich dreckig, saß auf meinem Stuhl und schwieg. Das werde ich nie vergessen. Eine bessere Motivation hätte es nicht geben können. Ihr Arschgeigen, dachte ich, euch werde ich es zeigen.

Das Fernstudium kostete 2700 Euro, die Summe legten meine Eltern aus. Ich brauchte für mein Studium schnell Fachbücher, aber alles musste umständlich beantragt werden. Manche Bücher gab es in der Bücherei, vieles musste ich kaufen. Auch Freunde schickten mir Lehrbücher. Meine Freunde und meine Familie unterstützten mich finanziell, ich hatte nix mehr, das Gericht hatte all meine Gelder und Güter eingezogen.

Offen auftretende kriminelle Gangs erlebte ich im Knast nicht. Doch die Leute machten ihre Geschäfte. In der U-Haft versuchte jeder, sein Ding zu machen und bis zum Vollzug mit den Leuten klarzukommen. Als ich ein illegales Handy wollte, kostete mich das fünfhundert Euro. Nun musste nur noch jemand den Mut aufbringen, das Geld reinzuschmuggeln. Es dauerte fast ein halbes Jahr, bis ich das Handy mein Eigen nennen konnte. Meine Mutter faltete daheim einen Fünfhunderter und löste das Problem, indem sie mir beim Besuch den gefalteten Geldschein in einer Schokolade versteckt mitbrachte. Ein Beamter saß neben uns und überprüfte die Schokolade. Als Mutter sie auf dem Tisch zum gemeinsamen Verzehr ausbreitete, nahm ich das Silberpapier der Verpackung an mich und steckte es mir in den Mund. Darin befand sich der Schein.

Das Handy war meine einzige Droge in der Haft, mein wichtigstes Kommunikationsmittel. Ich lud es mit dem Elektrorasierer, man musste erfinderisch sein. Ich besaß kein Ladekabel, das wäre zu auffällig gewesen. Also nutzte ich den Adapter meines Rasierapparats und regelte ihn von zweihundertzwanzig Volt auf normale Spannung runter. In den Adapter steckte ich zwei Büroklammern. Akku raus, angeschlossen, beschwert und geladen. Ich musste dabei sehr aufmerksam sein, einmal passte ich nicht auf, und der Akku schmolz mir weg. Für solche Fälle hatte ich in einem Versteck in einem anderen Block einen Ersatzakku gelagert, später auch ein Ersatzhandy. Ich besaß einen kleinen Schlüsselanhänger, dort hat die SIM-Karte genau reingepasst. Den Anhänger trug ich immer am Schlüsselbund, auffällig unauffällig. Das Handy versteckte ich in meiner Zelle in einer Salzpackung. Ich öffnete die Salzpackung vorsichtig mit dem Messer. Das Salz rausgekippt, das Handy in eine Folie, rein in die Verpackung, das Salz wieder eingefüllt, überschüssiges Salz ins Klo gekippt. Dann habe ich die Packung mit einem Klebestift geschlossen und als ungeöffnete Reservepackung auf dem Regal offen platziert. Das Handy wurde nie gefunden, obwohl die Beamten meine Zelle anfangs häufig filzten, weil sie immer wieder Handystrahlung bei mir orteten. Später haben wir Handys konspirativ in den Knast bekommen und verkauft. Einmal wurden drei Handys in unserem Aufenthaltsbereich gefunden, die hatten unsere Anwälte reingeschmuggelt.

Im Vollzug in Luckau baute ich mir dann ein gutes Versteck hinter meinem Kleiderschrank. In Luckau wurde kaum kontrolliert, ich hatte einen guten Stand, weil ich keine Probleme machte. Die Schließer waren auch nur Menschen. Sie kamen täglich zur Arbeit, zwanzig, dreißig Jahre lang. Ich saß bereits ein paar Jahre in Luckau, und alle wussten, der nervt nicht, mit dem kann man quatschen, neben all den Typen, die herumschrien, schmutzig waren und dir mit ihrem Daueraggrozustand richtig auf den Sack gingen. Da freute sich jeder Schließer über Leute wie mich und drückte ein Auge zu. Mit Geld und gutem Willen ging viel.

Im Knast, egal, ob U-Haft oder Vollzug, hast du jede Droge

der Welt bekommen, wenn du Geld hattest. Der Stoff beziehungsweise der Alkohol wurde gern in den Kühlschränken für die Allgemeinheit versteckt. Angemachter Alkohol mit Früchten und Brot, ein teuflisches Zeug. Es war immer ein Katz-und-Maus-Spiel. Wenn die Schließer was fanden, wurde fünf Minuten später der Sud neu angesetzt. Wer wollte schon jeden Tag den Kühlschrank untersuchen?

Die Strafhaft war unser Eldorado. Nach zweieinhalb Jahren wurden wir Ende 2006 verurteilt, darauf folgte ein Jahr Revision, dann Strafvollzug. Nach anderthalb Jahren wurde ich von Cottbus nach Brandenburg verlegt. Um Fahrtzeiten und Aufwand für meine Bewacher zu sparen, die mich zum Prozess nach Neuruppin und zurück kutschieren mussten. Ich wollte in Cottbus bleiben, dort hatte ich mich eingelebt und kam mit allen klar. Dann, kurz vor dem ersten Prozesstag, sollte ich nach Brandenburg verlegt werden. Ein ernstes Problem war mein Handy, wie sollte ich das nach Brandenburg bekommen? Ich musste durch eine Schleuse mit Förderband und Scanner. Ich versteckte es in meiner Zelle in einer Butterpackung, quatschte den Beamten voll und schob die Butter am Außenrand des Bands vorbei. Geschafft! Allerdings hatte ich keine Telefonkarte mehr.

Nach einigen Panikattacken war ich ein vom Psychologen bestätigter Angstpatient. Platzangst ist eine Krankheit. Und dann Brandenburg: richtig finster, dunkler Ostbau, die Zellenfenster ganz weit oben. Scheiße, hier muss ich weg, dachte ich. Ich traf einen Kumpel aus Hennigsdorf. Ich sagte: »Alter, ich mach richtig Ballett und geh dir doll auf den Senkel. Du beschwerst dich über mich.« Ich nervte mit meiner Platzangst so lange, bis ich ins Haftkrankenhaus verlegt wurde. Nagelneues Krankenhaus, top Zelle, mit schickem

Eckfenster, eigener Dusche und Fernseher. Aber ich konnte nicht telefonieren, weil mir noch immer die Telefonkarte fehlte. Noch einen Tag Bambule veranstaltet, meinen Anwalt kommen lassen und gedroht, mich umzubringen, wenn ich nicht zurück nach Cottbus kam. Das wirkte, und ich wurde zurückverlegt. Ich hatte jetzt zwar scheißweite Touren zum Prozess nach Neuruppin, doch ich war wieder im bekannten Terrain.

An jedem Prozesstag, es war meist ein Montag oder Mittwoch, stand ich um vier Uhr auf, machte mich frisch, trank Kaffee und wartete mit einem Stullenpaket auf den Transport. Zuerst wurde ich vom Gefängnis zum Cottbusser Polizeirevier gefahren. Dort trippelte ich, fixiert von Fuß- und Handfesseln, mit meinem Brotbeutel in der Hand ins Revier und wartete meist noch ein paar Minuten auf den Weitertransport. Ich wurde von strengen, mit Maschinenpistolen bewehrten Herren abgeholt und bin wie ein Mafiaboss bewacht nach Neuruppin eingefahren. Eigentlich war angedacht gewesen, mich mit dem Hubschrauber zu transportieren. Das konnte ich aber dank der attestierten Platzangst verhindern. Mit Hubschrauber hätte ich wahrscheinlich zwei Jahre mehr bekommen, allein schon, um dieses Szenario zu rechtfertigen.

Die mich begleitenden Beamten wurden permanent ausgewechselt, damit ich keine Verbindung zu ihnen aufbauen konnte. Drei Bewacher saßen bei mir im Auto, zwei weitere im Begleitwagen. Das Prozedere zweimal die Woche hin und zurück. Danach war ich immer fix und fertig. Ich litt unter Kopfschmerzen und Konzentrationsmangel. Vom Knast in Wulkow wären es nur zehn Minuten zum Gerichtssaal gewesen. Aber dort bestand laut Staatsanwalt Fluchtgefahr, weil wir die Beamten womöglich von früher kannten. Nach zwei Jahren in Cottbus kannte ich dort auch sämtliche Beamten und wusste über manche mehr als ihre Ehefrauen.

In Cottbus bekam ich einmal überraschend Besuch vom LKA. Sie wollten mich ohne Anwalt sprechen. Netter Versuch, ich lehnte natürlich ab. Mit Bullen sprechen, wo kämen wir denn da hin! Ich wollte weder beichten noch mit denen dealen. Sie kamen nie wieder. Meine geldgierigen Anwälte besuchten mich einmal im Monat, sie waren als Pflichtverteidiger eingetragen. Jeden Verhandlungstag zahlte Vater Staat dafür ein dreistelliges Sümmchen. Meine Anwälte holten sich von Conny und von meinem Vater Extrageld für Extrawürste, ihre sogenannten Sonderauslagen. Irgendwann hatte ich davon genug und beendete das finstere Treiben. Sie bemühten sich im Gerichtssaal fortan weniger, der eine zeigte sich in meinen Augen regelrecht gelangweilt. Bei der Vernehmung einiger Staatsanwälte musste ich die Fragen stellen, als es um die Deals der Kronzeugen ging, meine Anwälte saßen schweigend daneben. Unsere wesentlichen Infos über den Prozess und das Drumherum bekamen wir jeden Tag über Videotext. Das Fernsehen sendete die aufsehenerregenden XY-News in jeden Haushalt und jede Zelle Brandenburgs.

Conny durfte mich während des Prozesses im Monat zweimal dreißig Minuten besuchen. Diese halbe Stunde verflog wie nichts. Der Kleine krabbelte unterm Tisch, ich durfte ihn weder anfassen noch drücken. War scheiße. Weil ich nur zwei Sprecher im Monat genehmigt bekam, kamen meine Eltern nie allein, sondern meistens mit Conny und unserem Kleinen. Häufig waren wir dann zu fünft. Eine Liebeszelle wurde mir in der U-Haftzeit nicht zugestanden. Es dauerte dreieinhalb Jahre, bis ich mit Conny wieder mal wirklich allein sein konnte.

Meinem älteren Sohn in Hamburg erzählten seine Mutter und der Stiefvater das Märchen, ich sei in Südamerika. Ich konnte ihn nicht anrufen, der neue Macker seiner Mutter war Polizist, er wollte das nicht. Das war hart. Nach einem Jahr durfte ich ihn endlich anrufen, um Weihnachten rum. Ich musste ihm aber am Telefon vorspielen, ich wäre in Südamerika. Alle haben ihn belogen, und ich musste das Spiel mitmachen, andernfalls wäre ich draußen gewesen. Wie ist das Wetter in Südamerika? Welche Jahreszeit haben wir in Brasilien? Er fragte nach Tieren, ich log ihm etwas vor. Mir war zum Heulen zumute, ich musste mich aber zusammenreißen. Ich bombardierte ihn mit Fragen, damit er mich ja nicht ausfragen konnte. Einmal war der Bulle dran und maulte, ich würde zu viel anrufen, dabei war jeder Anruf mit der Mutter abgesprochen. Er behandelte mich wie ein Stück Dreck, aber was sollte ich Knacki dagegen tun? Der Typ war Bulle. Die Lüge musste ich lange durchhalten. Irgendwann erzählten sie ihm dann doch die Wahrheit, schwierig, furchtbar.

Letztlich, nach zwei Jahren U-Haft in verschiedenen Gefängnissen, saßen wir dann doch alle in Wulkow zusammen, endlich. Passiert ist natürlich nichts – von wegen Fluchtgefahr. Wir trafen uns oft zum gemeinsamen Sporttreiben, und ich durfte sogar Pizza für alle backen, inklusive der Beamten. Meine Pizza war berühmt. Obwohl ich meine Zelle eigentlich nicht verlassen durfte, hatten die Beamten ein Einsehen, zum Wohle aller. Nur in den Augen der Staatsanwaltschaft waren wir Schwerverbrecher.

In Wulkow saßen circa vierhundertfünfzig Menschen. Wir waren die bekanntesten Knackis Brandenburgs. Unsere

Geschichten kursierten im Knast. Wir waren Promiknackis, uns kannten alle. Das ist der berühmte XY-Franky, hier der XY-Olli. Man hatte sofort überall Freunde und gehörte zur Knastelite. Es gab sogar Gefangene, die hängten sich unsere Zeitungsartikel in ihre Zellen. Als ich damals in Cottbus ankam, hörte ich, einer von der XY-Bande säße dort bereits ein. Es war ein Trittbrettfahrer der besonderen Art, er kam wohl aus Neuruppin und brüstete sich mit unseren Taten, um sein Knastleben angenehmer zu gestalten.

Ein Gefangener war nicht vollkommen machtlos. Manchmal wurden Wärter bedroht: »Warte mal ab, morgen Abend!« Am Abend fuhren bei dem Schließer zu Hause dann zehn Motorräder vor der Haustür auf und ab. Das reichte als Warnung und machte sie für illegale Geschäfte gefügig. In Wulkow saßen ein Libanese und ein Jude mit uns ein. Als einmal morgens ein Schließer unsere geduldete Frühstücksrunde beenden wollte, schrie der Libanese: »Du hast ›scheiß Ausländer‹ zu mir gesagt. Wieso bin ich scheiß Kanake? Wieso hast du zu mir gesagt, ich bin scheiß Kanake?« Der Schließer bekrittelte unsere Runde nie wieder, er wäre wegen eines von uns bezeugten Rassismusvorfalls sofort vom Dienst suspendiert worden.

Es kam immer mal zu kleinen Schlägereien im Knast. Meist gingen die Wärter sofort dazwischen, es gab für solche Fälle ein spezielles Kommando. Bei größeren Problemen erschien das SEK von außerhalb. Wenn beispielsweise ein paar Typen illegal Alkohol hergestellt hatten und völlig besoffen ein Feuerchen in ihrer Zelle entfachten. Bei mir kam höchstens mal ein verbaler Ausraster vor. Einmal sagte zum Beispiel ein missgelaunter Wärter zu mir: »Heute darfst du nicht telefonieren. Aber morgen kannst du mich ansprechen, vielleicht kannst du morgen telefonieren.« Als ich ihn anderntags ansprach, ließ er mich aber wieder nicht telefonieren. Ich flippte aus. Ich hatte mit Conny Theater, ich war fertig und heulte wie ein Schlosshund. In solchen Momenten haben mir einige Knackis Nähe gegeben, mir zugehört, mich getröstet.

Zu einem der Bandidochefs hatte ich eine menschliche, freundschaftliche Beziehung. Ich las seine Gerichtsakten und beriet ihn. Viele Knastmenschen waren auf der Suche nach Freundschaft, wollten verstanden und gemocht werden. Ich war ein seelischer Mülleimer für viele Männer, ich lief unzählige Hofrunden und hörte mir ihre oft unglücklichen und finsteren Geschichten an. Die Hälfte war in den eigenen Augen unschuldig verurteilt. Viele kamen aus zerrütteten Familienverhältnissen. Dadurch erkannte ich, wie wichtig die Familie für den Menschen sein kann.

Ich behandelte die Menschen im Knast alle gleich und wollte irgendwann nur noch wissen, wer ein Sexualverbrecher war. Diese Männer waren in der Knasthierarchie ganz unten. Natürlich verstellten sie sich, andernfalls wären sie andauernder Schikane ausgesetzt gewesen. Sie erzählten häufig, sie säßen wegen Körperverletzung ein. Nur die jeweilige Akte gab dir Auskunft. Wenn ich einen Knacki um seine Akte bat und er mir sagte, die sei bei seinem Anwalt, wusste ich, hier stimmt was nicht. Im Knast sehnte sich jeder nach Normalität. Trotzdem sind viele draußen wieder in ihr altes kriminelles Leben zurückgefallen. Im Knast trainierten sie jeden Tag und kamen ohne Drogen aus. Draußen ein Tag mit den falschen Leuten unterwegs, und alles geht von vorne los.

DER PROZESS

FRANK WILLMANN • Die Tatvorwürfe lauteten: Kokainhandel, illegales Glücksspiel, Erpressung, Betreiben eines Bordells sowie Gründung und Mitgliedschaft in einer kriminellen Vereinigung. Eine riesige Pressemeute nebst Prozesstouristen belagerte die Stadt. Der neue Bürgermeister spürte, dass Neuruppin nun endlich wieder aufatmen konnte. Einer der Verteidiger vermutete hinter dieser Aussage eine Vorverurteilung und sagte: »Der Bürgermeister gehört unter Beobachtung des Verfassungsschutzes.«

Den Angeklagten wurden Verbrechen in einem bisher in Brandenburg nie dagewesenen Ausmaß vorgeworfen. Das LKA ging davon aus, dass die XY-Bande Kokain im Wert von 1,3 Millionen Euro umgesetzt hätte. Anfangs wurden zwanzig Prozesstage angesetzt. 17 Zeugen sollten gehört werden, darunter Kronzeuge Reinke, der 2004 zu zehn Jahren Haft verurteilt und ins Zeugenschutzprogramm aufgenommen worden war. Laut der *Berliner Zeitung* vom 13. September 2006 fand mit den Urteilen der größte Fall von Organisierter Kriminalität in Ostdeutschland seinen Abschluss. Trotzdem sei die Gruppe keine kriminelle Vereinigung gewesen, so Richter Wegner. Dafür habe in dem langen, schwierigen, am Ende 83 Verhandlungstage währenden Prozess der Nachweis nicht erbracht werden können. Die Jungs hatten ihre Aussagen zuvor abgesprochen. Olli wollte alles auf sich nehmen. Dementsprechend sagte etwa Kalle vor Gericht aus: »Eines Tages hat er mich gebeten, ein Kokaingeschäft für ihn zu übernehmen.« Im Mai 2005 sagte Olli vor Gericht: »Ich habe so lange gezogen, bis nichts mehr in die Nase passte.« Im Juni bestätigte ein Gutachter Ollis Kokainsucht. Das Gericht bat daraufhin Ollis Vereinskameraden von Union Neuruppin und seine Partei, die Christlich Demokratische Union, der Olli seit 2003 angehörte, um Stellungnahmen, ob ihnen die Kokainsucht aufgefallen sei. Mitte August folgte das erste Urteil gegen einen Kleindealer aus dem Umfeld.

Schlappe 17 Monate währte der Prozess gegen Olli, Joschi, Franky, Kalle, Ralle und Ecki in der ersten Instanz. Vom 3. Mai 2005 bis zum 12. September 2006. Am 83. Verhandlungstag waren alle Beteiligten am Ende ihrer Kräfte. Olli bekam die höchste Strafe, zwölf Jahre. Die Staatsanwaltschaft hatte 14 gefordert. Kalle und Joschi erhielten neun, Franky acht und Ecki drei Jahre. Ralle wurde aus diesem Prozess ausgekoppelt. Daneben wurde knapp eine Million Euro einkassiert. Die Familien im Saal nahmen die Urteile mit lautem Stöhnen auf.

Zahlreiche Anklagepunkte wurden aus Mangel an Beweisen fallengelassen, wie Richter Wegner bei der Urteilsverkündung betonte. Laut ihm wurde gegen hundert Tatverdächtige ermittelt. Wie viele davon unschuldig waren und zu Unrecht angeklagt wurden, sagte er nicht. Der Leiter des städtischen Grundstücksamtes sowie ein Polizist wurden zu Bewährungsstrafen verurteilt und aus dem Staatsdienst entlassen.

Im Januar 2008 wurden die Urteile gegen die XY-Bande vom Bundesgerichtshof in Leipzig weitestgehend bestätigt.

OLAF KAMRATH • Wenn die Presse vorm Gericht wartete, hielten die Bullen auf der Strecke an und zogen sich ihre schusssicheren Westen über. Das bot bessere Bilder. Am Gerichtsgebäude baute man wegen uns einen Zellencontainer an, weil sie nicht genug Zellen im Gericht hatten. Drum herum ein Zaun, der steht heute noch. Ein Riesenaufwand, hat bestimmt wahnsinnig viel gekostet. Ich kam mit meiner Eskorte und trippelte gefesselt in die Zelle im Container. Unterhalten konnte ich mich mit den anderen über die Fenster, mehr als »Hallo« oder »Wie geht's?« war aber nicht drin.

An Gerichtstagen war ich immer sehr angespannt, all die Bekannten im Publikum. Beim ersten Termin war der Saal proppenvoll. Viele Freunde hingen an den Fenstern und winkten uns zu. Conny kam mit ihrer Freundin Natalia zu den Haftcontainern gelaufen. Man ließ sie nicht durch. Ich ärgerte mich und freute mich zugleich – Ärger über die Bullen, Freude, dass ich sie sah.

Im Gerichtssaal folgte dann das große Blabla: Anklageschrift, Befangenheitsanträge seitens unserer Anwälte, das Gericht zog sich zurück, das Gericht kam wieder. Fußfessel, Handfessel, runter in die Zellen, aus den Zellen wieder hoch. Eine einzige große Show, am ersten Tag passierte nicht viel, ich machte ausschließlich Angaben zu meiner Person, alles Weitere lief nach Absprache über die Anwälte.

Ich versuchte, dem Prozess zu folgen, studierte die Leute im Zuschauerraum und sah im Laufe der Zeit meine Felle immer mehr davonschwimmen. Als die zwölf Jahre Haft im Raum standen, war das ein Riesenschock. Wie alt bist du dann? Was wird aus deinen Söhnen? Später beantragte der Staatsanwalt sogar 14 Jahre, und meine Welt brach zusammen.

FRANKY • Knast war scheiße wie immer. Der Staatsanwalt wollte mich zu einer Aussage erpressen. Er legte mir einen handgeschriebenen Brief von Reinke vor, worin der mich zu überreden versuchte, ins Zeugenschutzprogramm einzutreten. War ein fieser Brief: »Deine Tochter ist jetzt drei Jahre, und davon hast du schon zwei Jahre im Knast gesessen. Franky, wenn du jetzt das Maul nicht aufmachst, kommst du raus, wenn sie Jugendweihe hat. Was kannst du von Olli im Knast erwarten? Nichts.« Reinke war mein bester Freund, ich hatte ihn ins Boot geholt. Ich bekam einen Schreikrampf vor Wut. Die wussten, ich bin die Quelle des Lebens und könnte Klarheit in alle Geschäfte bringen. Reinke meinte wahrscheinlich gegenüber den Bullen: »Franky ist gerade erst aus dem Knast gekommen, und ich glaube, den kriegen wir überredet.« Der Brief kam über die Post. Weil ich in U-Haft saß, musste das eigentlich ein Richter genehmigen. Der Brief erreichte mich aber ohne richterliche Anordnung. Anscheißen war für mich keine Option, niemals. Ich habe mit den Leuten nicht geredet.

Eine Schlagzeile lautete in etwa, mit Gold in der Kehle lässt sich schlecht singen. Reinkes Fahrer später im Zeugenstand, als er uns identifizieren sollte: »Ja, kenne ich alle.«

»Woher?«

»Na, aus Frankys Bar. Der Franky kann echt gut singen.« Alles hat gelacht.

Der Richter: »Wie, er kann singen?«

»Der hat in seiner Bar gern ein Lied gesungen. War gut.«

»Dann singen Sie uns doch mal was vor.«

Mein Anwalt: »Mein Mandant kann zwar gut singen, aber für das Singen im Gerichtssaal sind andere zuständig.«

Einmal hatten sie mich im Prozess ausgetrickst. Mitschnitt

eines Telefonats. Ich saß im Auto und telefonierte mit einem Typen, dem seine heimliche Olle vom Finanzamt in der Badewanne gerade einen blies. Ich sollte dazukommen, für einen Dreier. Die wollten das Telefonat komplett abspielen. Aber der Typ am Telefon war in Wirklichkeit glücklich verheiratet und baute mit der lieben Gattin gerade ein Haus. Ich wollte den schützen. Ich sollte zugeben, dass ich während der Autofahrt telefoniert hatte, oder sie spielten das Band ab. Ich sagte: »Ja, ich telefonierte manchmal beim Autofahren.« Mein zweiter Anwalt war gerade draußen mit dem Hund Gassi. Als er wiederkam, ist er ausgeflippt. »Wieso, was ist denn los?«, fragte ich. Ich hätte das nicht sagen dürfen. »Warum nicht?«

»Jetzt hast du ein Teilgeständnis abgelegt, das legen sie dir zum Nachteil aus.«

Ist dann auch passiert. So gefickt, nur weil ich gesagt habe: »Ja, ich telefoniere manchmal beim Autofahren.«

Der Staatsanwalt hatte acht Jahre gefordert, ich sagte mir, zwei sind weg, und von den sechsen werden mir zwei bestimmt wegen guter Führung erlassen. Denkste. Ich bekam neun Jahre, eins Nachschlag wegen der kaputten Pistole. Hab natürlich Widerspruch eingelegt. Nach dreieinhalb Jahren bekam ich Post. Peng, Widerspruch abgelehnt. Über Nacht ein Jahr mehr. Ich meine Anwälte wieder scharfgemacht. Der Richter hat den Ballistiker geladen, der die Waffe geputzt hatte, der kam aber nie. Also ist das in meinen Augen ein Fehlurteil. Irgendwann hat sich aus der Vollstreckungskammer Frau Marx gemeldet, die beisitzende Richterin in unserem Prozess. Sie hat das Jahr wieder stibitzt und es zu einem Jahr Bewährung umgemodelt. Über Nacht wieder ein Jahr weniger, war ein geiles Gefühl.

JOSCHI • Als Reinke im Knast den Bullen die Messe sang, fiel alles in sich zusammen. Ihm wurde wohl Sicherheitsverwahrung angedroht, wegen des Totschlags an diesem Zuhälter, und er packte als erster Kronzeuge gegen uns aus. Der dachte sich offenbar, ist mir scheißegal, die anderen lasse ich über die Klinge springen. Dem war das Hemd näher als die Hose.

Rocko, der städtische Beamte aus dem Baudezernat, war ein guter Bekannter meines Vaters, der war schockiert, dass Rocko involviert sein könnte in unsere Machenschaften. Rocko sonnte sich auch ein wenig in unserem Glanz, denke ich. Wenn in Frankys Bar gefeiert wurde, saß dort nicht nur die Halbwelt, das gefiel auch einigen Bürgern, die am Tag die Braven spielten. Sie spürten den Reiz und wollten ein bisschen dabei sein, wenn das Leben Purzelbäume schlug. Olli kannte und durchschaute sie alle, wusste von ihren kleinen Schwächen und nahm sie soft an die Leine. Egal, ob Politiker, Bulle, Geschäftsmann. Ich bin der Auffassung, seine Ambitionen Bürgermeister zu werden sind uns zum Verhängnis geworden, sein Gang in die Politik. Das war sein Ziel. Das brachte den Stein ins Rollen. Einige einflussreiche Menschen müssen die Ermittlungen forciert haben, weil sie einen wie ihn nicht in der Politik haben wollten, schätze ich. Außerdem hätten wir nicht in Revision gehen sollen, zweiter großer Fehler, aber die Anwälte wollten verdienen, und danach ist man immer schlauer.

Ich kann der Polizei, der Staatsanwaltschaft und den Richtern keinen Vorwurf machen, die haben ihre Arbeit gemacht, das Recht war auf ihrer Seite. Natürlich haben die bestimmte Dinge anders interpretiert als wir. Den bandenmäßigen Automatenbetrug zum Beispiel sah ich nicht, das war gängige Praxis in Spielhallen. Aber was sollte ich sagen? Ich hatte Scheiße gebaut und wunderte mich nicht, dass der Gesetzgeber nun zurückschlug. Wir hatten Straftaten begangen, unser Koks war keine Babynahrung.

Trotzdem: Als der Staatsanwalt das angepeilte Strafmaß verkündete, dachte ich, ich sterbe. Er wollte elfeinhalb Jahre. Ich war der Meinung, so eine hohe Strafe gebe es nur für Mord. Waren wir etwa Mörder? Das hat mich umgehauen.

KALLE • In dunklen Momenten denke ich, das ganze Ding war von vorne bis hinten abgekartet zwischen Staatsanwaltschaft und unseren Anwälten. Olli musste im Prozess den Staatsanwalt vernehmen, weil sein Rechtsanwalt das nicht machen wollte. Was sollte das? Traute der sich nicht, den Staatsanwalt zu befragen? Aber zu dem Zeitpunkt konnten wir es nicht besser wissen.

Die Presse, ob Fernsehen, *Ruppiner Anzeiger*, das hiesige Revolverblatt, oder die *Märkische Allgemeine*, die haben sich natürlich auf den Prozess gestürzt. Die bekamen ihr wöchentliches Futter direkt von der Staatsanwaltschaft.

Am Tag des Urteils schwante mir nichts Gutes. Elf Jahre waren gefordert. Dass es die nicht würden, war mir klar. Aber vielleicht neun? Bei sieben Jahren hätte ich vielleicht sogar auf Rechtsmittel verzichtet.

RALLE • Nach drei, vier Jahren kam an einem Freitag die Polizei bei mir an, von wegen, es bestehe Fluchtgefahr. Der Klassiker, keine Anbindung zur Familie und so weiter. So ein Quatsch. Eine Woche Knast in Wulkow, um mich weichzukochen, mein Prozess war noch nicht durch, die Justiz hatte sich zuvorderst auf X Y konzentriert. Bei mir hat sich das ewig hingezogen. Erst 2008 wurde das Urteil gesprochen, vier Jahre nach den Verhaftungen. Ich wurde abgekoppelt vom großen Verfahren und nahm irrigerweise an, ich könnte durchschlüpfen. War nicht so.

Mein eigener Prozess dauerte einen Vormittag. Mein Anwalt sagte: »Jetzt ist es so weit.« Deal ausgehandelt, zwei Jahre Knast auf vier Jahre Bewährung ausgesetzt und ein paar 100 000 Euro Strafe. Automaten weg, Geld weg, Immobilien weg. Schockstarre.

In einem späteren Urteil kam dann noch Verfall von Wertersatz dazu, für den Fall, dass ich die Strafzahlung nicht leisten könne. Ich fragte meinen Anwalt: »Was bedeutet Verfall von Wertersatz für mich?«

»Da brauchst du dir keine Gedanken zu machen, weil du zwei Monate vorher Insolvenz eröffnet hast.« Circa eine Million Schulden allein beim Finanzamt.

Leider hatte der Anwalt nicht recht. Der Verfall von Wertersatz verschwand nicht mit der Insolvenz. Ich bin meine Schulden erst im Herbst 2022 rechtskräftig losgeworden.

Ich bereue die illegalen Geschäfte. Man sieht an mir, wie man alles verlieren kann. Wurde ich zu Recht bestraft? Zweimal ja. Geldstrafe und Bewährung. Ich wurde zu Recht verurteilt und war heilfroh über meine Bewährung. Einmal nein, für den Verfall von Wertersatz, der sich nun erledigt hat.

Was bleibt, ist unsere Freundschaft. Olli und die Jungs sind heute für mich langjährige und gute Freunde. Ein Schatz.

FRANKY • In Holland stellte ich mein deutsches Telefon immer aus. Für die Kommunikation in Holland nutzte ich Prepaidhandys. Wenn ich Olli oder Kalle anrief, dann in einer Telefonzelle am Marktplatz in Neuruppin, zu einem vorher verabredeten Zeitpunkt. Die Bullen hatten insgesamt 114 000 Telefonate von uns aufgezeichnet und ausgewertet, Holland war nicht dabei. Bei manchen Telefonaten waren wir etwas sorglos. Für das Gericht überführte mich folgendes Telefonat: »Grüß dich, Reinke. Franky hier. Ich bin in 15 Minuten da. Setz schon mal Kartoffeln auf.« Für den Richter war das die Parole für ein Kilo Koks. Häh? Ich liebe Kartoffeln. Passt auf, ich habe im Jahr 100 000 Kilometer auf der Autobahn verjodelt. Immer nur Pommes an der Imbissbude, ich bekam das Kotzen. Ich wollte richtig schön Fleisch mit Kartoffeln. Und Reinke, der spätere Kronzeuge, hat für mich gekocht.

Ich muss dazu sagen, ich habe ihm vielleicht auch ein Kilo Koks gebracht. Aber er kochte *auch* phantastisch Kartoffeln. Er konnte nicht viel, aber Kartoffeln konnte er.

Der Richter ahnte zwar etwas, aber Reinke hatte nie ausgesagt, Kartoffeln aufsetzen ist gleich, ich bringe ein Kilo Koks. Als Reinke wieder mal vor Gericht aussagte, fragte der Richter: »Hat noch jemand eine Frage?«

Mein Anwalt dann: »Eine hätte ich noch. Ich habe gehört, Sie können gut kochen.«

Reinke strahlte und freute sich über das Kompliment. Reinke, der Kronzeuge, Reinke, der falsche Fuffziger. Und der Richter sofort: »Stopp. Moment. Stopp, stopp, stopp, stopp. Keine weiteren Fragen mehr.« Dann hat der Richter das Band mit dem Telefonat abgespielt.

»Grüß dich, Reinke. Franky hier. Ich bin in 15 Minuten da. Setz schon mal Kartoffeln auf.«

»So, Herr Reinke, jetzt sagen Sie mal, was das zu bedeuten hat.«

Reinke sagte nichts. Linste zum Staatsanwalt. Der Staatsanwalt verdrehte die Augen und sah genervt aus.

Der Richter: »Nun antworten Sie, was soll das bedeuten?«

»Ich habe für Franky gekocht.«

Mein Anwalt: »Keine Fragen mehr.«

Eine Woche später, wir hatten jeden Montag und jeden Mittwoch Verhandlung, sagte der Richter: »Was ist denn das hier? Ein Brief? Von Herrn Reinke ans Gericht. Den machen wir jetzt mal auf. Ans Protokoll, der Inhalt ist nicht verfahrensrelevant.« Er machte den Brief auf und las ihn laut vor: »... auf die Fragen war ich nicht vorbereitet. Aber ich hatte Zeit zum Überlegen. Ich habe immer dann Kartoffeln aufgesetzt, wenn Franky mir ein Kilo Koks brachte.«

OLAF KAMRATH • Beim Prozess versuchte ich, Reue zu zeigen. Ich las vom Blatt ab, das hätte ich nicht machen sollen. Ob mir mehr Krokodilstränen geholfen hätten? Auch bei der Anhörung zum Straferlass des letzten Drittels kam ich nicht durch, war ein schwerer Schlag, totale Leere.

Alle unsere Aussagen hatten wir mit unseren Anwälten abgesprochen. Wenn fünf Leute aussagten, ich hätte mit Drogen gehandelt, sind von vornherein alle Messen gesungen. Wir waren angeklagt als kriminelle Vereinigung, als Bande, das war ein Tatvorwurf, der alle betraf. Egal, ob Mitläufer oder Kopf des Ganzen. Kronzeuge Reinke belastete alle außer Kalle. Kalle wurde wiederum von einem anderen Kronzeugen belastet. Ich hingegen hatte mit allen Kontakt und war verbrannt, Bandenchef, ja, ich war der Chef.

Kalle war schlau, mit ihm hatte ich alles abgesprochen, bis runter zu Ecki waren alle Aussagen abgesprochen, wer vor

Gericht welche Tat auf sich nahm. Die Tokensache übernahm Ralle, dafür kam er um die Bandengeschichte herum.

Der wichtigste Kronzeuge der Staatsanwaltschaft war Reinke. Der andere war Hübner. Mirko Böttcher war der dritte. Ein weiterer Dealer. Sie verlegten ihn vom offenen Vollzug zurück in den geschlossenen, dann sagte der supercoole Rocker aus, der später trotz Verrat Bandido werden durfte. Einer von diesen »harten Hunden«, diesen doppelharten Typen, die seinerzeit von Hells Angels oder Bandidos rekrutiert wurden. Außer hart gucken und im Schutze der Übermacht verfeindete Rocker überfallen, war bei denen aber nicht viel los. Im Knast traf ich viele dieser Vögel. Ich konnte Verrat auf den Tod nicht ab, mein Ehrenkodex sagte mir, Verrat verjährt nicht. Knast ist hart und scheiße, aber man muss sein Ding durchziehen, man muss seine Suppe allein auslöffeln. Schließlich hatte man sie sich auch allein eingebrockt. Ich fing mir durch mein Schweigen zwei Jahre mehr ein und spazierte mit geradem Rücken in die Freiheit. Ein Ehrenmann in Anführungsstrichen, ich wurde nicht gemobbt, ich hab keinen angeschissen, obwohl mein Anwalt K. mir vor Gericht dazu riet. »Mit einem Deal kriegst du nur neun Jahre. Du musst aber gegen deinen Schwager aussagen und gegen den Rechtsanwalt Herbrecht.« Später sagte ich in der Rechtsanwaltskammer Potsdam für Herbrecht aus. Reinke hatte behauptet, Herbrecht hätte ihm einmal fünfzig Gramm gebracht. Das musste gelogen sein, Herbrecht nahm nie Drogen, da war ich mir sicher. Wir waren gut befreundet, er kam als kleiner Anwalt nach Neuruppin und wurde unser Anwalt, heute besitzt er die am besten laufende Kanzlei im Ort, obwohl ihm die Staatsanwaltschaft kurzzeitig seine Lizenz weggenommen hatte.

In Cottbus saß ich mit Reinke sogar kurz im selben Knast, weil er das Zeugenschutzprogramm freiwillig verlassen hatte. Bei einem Volleyballturnier versuchte er, mich zu grüßen, ich flippte fast aus. Danach ist er mir nie wieder über den Weg gelaufen. Heute soll er in Kyritz ein kleines Tattoostudio betreiben. Hübner traf ich ein paarmal in der Stadt. Der guckt weg, der läuft weg. Ich habe keine Rachegelüste gegen die, die sind für mich alle so weit unten. Ich habe es geschafft, die müssen damit leben, dass sie ihre Freunde verraten haben, das reicht mir. Ich hege auch keinen Groll gegen die Staatsanwälte. Ich mach mein Ding und bin nicht nachtragend.

Wirklich wichtig sind mir meine alten Freundschaften zu Franky, Ecki, Muju, Ralle, Kalle und Joschi, den kenne ich von allen am längsten. Sie konnten mir das Geld und die Immobilien nehmen, aber nicht meine engsten Freunde.

KALLE • Als vor Gericht die Tokensache verhandelt wurde, geschah das unter dünner Beweisführung. Kein einziger Spieler sagte aus, wie es in den Spielhallen vonstattenging und wer wann wie viel gewann oder verlor.

Wir gingen ins Risiko, weil wir im Wohlstand leben wollten. Uns war allen nichts in die Wiege gelegt worden, wir waren die Generation Gründer, und wir wollten mit dem Easy Living nicht warten. Ich habe nie BWL studiert, ich war Elektriker bei der Reichsbahn. Das war in der Marktwirtschaft keine Basis, um reich zu werden. Ich suchte einen Weg, wie man zu Potte kommt. Wenn das Fitnessstudio durch die Decke gegangen und ich 40 000 Mark im Monat verdient hätte, wäre ich wahrscheinlich bei der Koksscheiße nicht an Bord gewesen.

Die Automatenverleihgeschichte hatte Olli anfangs nicht hundertprozentig durchdacht, die hatten recht früh angefangen, aber zu spät erkannt, dass man in Spielotheken das große Geld machen konnte. Die Gastroaufstellplätze liefen zwar nach der Wende wie Sau, dann hat sich das Spielverhalten aber in Spielotheken verlagert. Da hat Olli es versäumt, schon kurz nach der Wende mit Spielhallen durchzustarten. Wenn das passiert wäre, säße Olli heute im Rathaus oder gleich in der Landespolitik.

RICHTER A. D. GERT WEGNER • Meine Erinnerung an den XY-Prozess ist schwach, weil er sehr lange zurückliegt. Woran ich mich besonders erinnere, ist, dass kistenweise Akten in mein Richterzimmer geschoben wurden. Laut Presse waren es 13792 Seiten Prozessakten. Das ist für einen Richter kein Spaß, weil man diese Akten alle lesen muss, was bis zum Beginn der Verhandlung oftmals nicht möglich ist. Es ist ja nicht so, dass man nur einen Prozess führt. In der Regel darf eine Untersuchungshaft sechs Monate nicht überschreiten. Oft sitzen die Verdächtigen bereits einige Monate, bis es zur Anklage kommt. Dann hat man nicht die Zeit, fünfzig Akten zu lesen. So gerät der Richter in Not, weil die Kammer entscheiden muss, ob das Hauptverfahren eröffnet wird. Beim XY-Prozess hatten wir etliche Termine angeordnet, da wir durch die Vielzahl der Vorwürfe wussten, das wird ein langes Verfahren. Zudem gab es einen großen Andrang an Anträgen, die im Grunde den Start des Verfahrens verhindern sollten. Wir hatten eine Menge zu tun, um diese revisionssicher zu bescheiden.

Der erste Tag der Hauptverhandlung war beeindruckend. Der Saal musste umgestaltet werden, weil neun Angeklagte und 18 Verteidiger Platz brauchten. Jede Menge öffentliches Interesse und gleich mehrere Staatsanwälte, dazu einige Sachverständige. Als wir als Kammer den Saal betraten, war ich erst mal verdattert. Der Saal war proppenvoll, es gab nicht einen freien Stuhl.

Ich kann mich an den Vater des Hauptangeklagten Kamrath erinnern. Ein Gastwirt. Als er einmal in die Geschäftsstelle kam und einen Besuchsschein für seinen Sohn beantragte, sagte er: »Wenn mein Sohn das nicht gemacht hätte, hätte es ein anderer gemacht. Ist doch nicht so schlimm.« Kiloweisen Kokainhandel als nicht so schlimm zu bezeichnen, deutet auf eine sehr laxe Rechtshaltung hin, das war für mich natürlich nicht akzeptabel.

Olaf Kamrath selbst erschien mir als sehr einnehmender Mensch, der es verstand, Leute an sich zu binden. Er konnte sehr charmant sein, ein freundlicher, einnehmender Gentleman, der bei den Behörden den richtigen Umgangston fand und erlaubte sowie unerlaubte Dinge erfolgreich anleierte.

Die XY-Angeklagten wurden zumeist von Anwälten aus Berlin vertreten, die häufig von Drogenleuten beauftragt wurden. Das sahen einige Vertreter der Presse schon als halbes Geständnis. Das waren gute Anwälte, die uns nach einer Weile entgegengekommen sind. Allerdings hatte ich mitunter den Eindruck, als ob sie mehr gegen- als füreinander agierten.

Wir wissen, dass teilweise Honorarverträge geschlossen werden und die Honorare der Anwälte oft weit über die gesetzlichen Gebühren hinausgehen. Anwälte sind auch Kaufleute, sie sind keine barmherzigen Brüder. Viele von ihnen leisten gute Arbeit und meinen, dass die gesetzlichen Gebühren für eine anständige Honorierung nicht ausreichen.

Manche Angeklagten denken, dass ein guter und teurer Anwalt ihnen weiterhilft und womöglich einen Freispruch rausschlägt. Aber das ist ein großer Irrtum, auch der beste Anwalt wird in den allermeisten Fällen nicht verhindern können, dass Recht und Ordnung siegen.

Am Tag der Urteilsfindung gegen XY war der Saal wieder sehr voll. Anwalt Elferding, so ein Dicker mit langen Haaren, hörte sich die sehr ausführliche Urteilsbegründung an, nahm ein Schriftstück zur Hand und knallte es auf den Tisch. Auf dem Blatt stand »Revision«. Er hatte schon alles vorbereitet. Das war eine Drama-Queen-Nummer, die nichts bewirkte, außer dass die Zuschauer kurz munter wurden.

Nach der mündlichen Urteilsverkündung ist jeder Richter erleichtert, weil das Ding sein Ende hat. Weil die meisten Angeklagten Revision einlegen, muss der Richter ein revisionssicheres Urteil schreiben, nicht nur die Verhandlungsführung muss revisionssicher sein. Dafür brauchten wir beim XY-Prozess einige Zeit und erklärten es zur Chefsache.

IM KNAST

OLAF KAMRATH • Als meine Revision abgelehnt und mein Urteil nach dreieinhalb Jahren U-Haft rechtskräftig wurde, war ich Strafgefangener. Als wir am Tag nach der Urteilsverkündung zurück in die U-Haft nach Wulkow kamen, war alles hell erleuchtet, alle Beamten standen draußen, alles voll Bullen. Wir sollten sofort auf die Busse verteilt werden, um schnell in unsere jeweiligen Haftanstalten verlegt zu werden.

»Ich steige hier nirgends ein!«, schrie ich. Platzangst, Panik! »Geben Sie mir eine Zelle, sonst bring ich mich um!« Ich trat gegen die Tür und brüllte, bis der Anstaltsleiter kam. Geschlagen wurde ich in solchen Situationen nie von den Wachen, die waren in der Regel korrekt und wussten, dass ich im Normalzustand keine Probleme machte. Nach dem Urteilsspruch brauchte ich ein Ventil, um Druck abzulassen – therapeutisches Schreien half.

Ich durfte dann tatsächlich noch zwei Tage in Wulkow bleiben, und Conny bekam einen Sonderbesuch genehmigt. Wenn man richtig Rabatz machte, knickten sie ein. Das war in Krisenmomenten meine Strategie, die allerletzte Trumpfkarte.

Doch dann musste auch ich meine Zelle in Wulkow räumen, wegen der Platzangst fuhr ich in Handschellen im Einzeltransport mit all meinen Schätzen – Akten, Fotos, Bücher, Schnipselsammlung – in einem umgebauten VW-Bus mit Gittern nach Luckau. Erster Eindruck: wow, was für ein Riesending, peppig, saubere Zellen, besseres Essen. Ich bekam eine Einzelzelle, und nach und nach fanden sich alle von uns ein, unsere Kontaktsperren wurden schließlich aufgehoben. Nur Franky landete in der JVA Berlin, weil er polizeilich zum Schluss in Berlin gemeldet war. Ich absolvierte mein Fernstudium und freundete mich mit Paul an. Er hatte tonnenweise Kokain per Schiff von Südamerika nach England verschifft. Er war etwas über sechzig, arbeitete in der Bibliothek und lebte auch auf meiner Piste, der Drogenpiste. Im Knastjargon bedeutet Piste Flur. Wenn ein Gefangener mit Drogen oder Konsum zu tun hatte, brachte man ihn meist auf die Piste, wo Leute mit der gleichen Straftat saßen.

»Auf welcher Piste biste?«

»Haus 61, dritte Piste.«

Auf jeder Piste saßen zwanzig Mann, zumeist in Einmannzellen. Die Doppelzelle war ein Angebot für Leute, die nicht allein sein konnten. Sie wurde selten genutzt. Jede Piste verfügte über einen Gemeinschaftsraum, dessen Türen immer offen waren. Man konnte am Tag einander in den Zellen besuchen und sich in der Freizeit auf andere Pisten schließen lassen, allerdings nur auf der gleichen Etage. Jede Etage hatte eine Kanzel, dort saß ein Aufsichtsbeamter. Zu den Schließern und Bullen sagten die Arschkriecher Meister, um sich anzubiedern und eventuell Vorteile zu erhaschen. Die Pisten wurden nicht nach Nationalitäten belegt, aber jede Piste besaß ihre Gefangenenhierarchie. Einige hatten etwas zu sagen und wurden mehr respektiert als andere. Intelligenz half, dann brauchte man nicht mit Gewalt aufzutrumpfen. Homosexuelle Paare gab es sehr selten, wenn Männer untereinander Sex hatten, hielten sie es geheim.

In der Früh trieb ich Sport, von 7 bis 14 Uhr arbeitete ich, danach Fernstudium und noch mal Sport. Ich arbeitete in der Bibliothek. Zusammen mit Joschi legte ich einen elektronischen Bibliothekskatalog an, am Computer katalogisierten wir 3000 Bücher. Unter den zwanzig Leuten auf einer Piste fand sich ein Leser. Über die verliehenen Bücher musste ich Buch führen. Romane, Sprachkurse und Psychologiebücher sind besonders gut gegangen. Krimis erstaunlicherweise weniger. Dienstags und donnerstags bestückte ich meinen Wagen mit bestellten Büchern und lieferte sie den Männern und Frauen auf ihre Pisten. Ich kam überallhin.

Mit Drogen hatte ich im Knast nie wieder zu tun, ich wusste zwar Bescheid über die Handelswege, war aber komplett raus. Keiner von uns war im Knast im Drogengeschäft aktiv.

Luckau war ein Hochsicherheitsgefängnis für Langstrafler, also für Leute, die mehr als fünf Jahre absitzen mussten. Der Knast hatte seinerzeit eine Riesensicherheitslücke, die findige Köpfe ausbaldowert hatten. Jeder Besucher musste an der Anmeldung seinen Ausweis abgeben. Danach betrat man einen Warteraum. Dort waren Spinde, wo jeder Gast Handy, Portemonnaie, Schlüssel und so weiter für die Dauer des Besuchs einschließen musste. Im Warteraum befand sich, separiert hinter einer Tür, die Besuchertoilette, ausgestattet mit Handtuchhalter und Seifenspender. Vom Warteraum wurden die Besucher zur Kontrolle weitergeleitet. Alle Sachen aufs Band, Durchleuchten, Metalldetektor, das ganze Programm. So wollte man verhindern, dass illegale und verbotene Dinge in den Knast kamen. Was die hohen Herren und Damen jedoch nicht bedacht hatten: Warteraum und Toilette wurden vom Reinigungsdienst der Inhaftierten geputzt, und in der Toilette konnte man alles verstecken, Drogen, Handys, was auch immer. Besonders Handys kamen über diese Lücke in den Knast.

Drogen waren also durch. Zu meinem Geburtstag trank ich mal ein Glas geschmuggelten Wein. Einmal hatte einer der Beamten eine Flasche Wein mitgebracht und in einem Schrank des Gemeinschaftsraums versteckt, für Joschi und mich. Mit Geld kam man auch hier an alles ran. Eine Flasche Aldi-Wodka kostete zwanzig Euro. Wir besaßen allerdings meist kein Bargeld. Bargeld war im Knast verboten, unser Verdienst wurde auf ein Konto überwiesen, mit dem wir bargeldlos im Knastladen einkauften. Durch Besucher war es aber ein Leichtes, ein paar Euroscheine reinzubringen. Verstecken musste man sie schon, aber die Scheine konnte man klein falten und gut in Elektrogeräten verbergen. Wenn man ein Handy kaufen oder verkaufen wollte, wurde das zum Beispiel mit Bargeld abgewickelt. Fanden die Beamten bei einer Durchsuchung Geld, zogen sie es ein und überwiesen es auf das Konto des Knackis. Außerdem bekam man eine Abmahnung, die sich negativ auf alles Mögliche auswirken konnte. Du wärst im Fokus gewesen, weil man dich im Verdacht gehabt hätte, dass du irgendwelche illegalen Geschäfte machst. Manche pokerten um viel Geld. Wir pokerten auch, aber um Kaffee oder Tabak. Tabak war ein anerkanntes Tauschmittel, ich hatte den Schrank immer voll Tabakdosen. Am Monatsende waren die Raucher und Kaffeetrinker meist knapp bei Kasse. Sie borgten sich etwas bei mir, um mir am Monatsanfang ein bisschen mehr zurückzugeben.

Im Knast ging man stark gegen Rechte und Islamisten

vor. In der Bibliothek führten wir eine schwarze Liste mit nationalsozialistischen und islamistischen Propagandabüchern. Sie waren streng verboten. Es gab auch wirklich viele Rechtsradikale, Anfeindungen waren an der Tagesordnung. Schwarze oder Araber wurden verbal attackiert. Viele waren sehr sportlich und haben nie klein beigegeben, wussten zu antworten, waren oftmals intelligenter als die Nazis. Wenn Leute schlauer sind, haben die Dummen keine Argumente mehr, außer mit Gewalt zu drohen. Da war mal ein Schwarzer, der immer, wenn jemand »Negerschwein« grunzte, erwiderte: »Wie viele Sprachen sprichst du? Ich spreche sieben.« Der kleine Pöbler sah ganz schön blöd aus der Wäsche, als er danach von uns ausgelacht wurde. Wenn es zu tätlichen Angriffen kam, gingen die Beamten gleich dazwischen.

Schwächere Menschen waren nicht eingebettet in die Gefängnishierarchie, sie wurden von vielen ausgenutzt und abgezogen, ihnen wurde der Tabak weggenommen, das Geld, das Handy, alles, was einen Wert im Knast besaß. Zwei Schlägertypen klopften an die Zellentür, der Gefangene öffnete, bekam eine Backpfeife, und sein Handy wurde weggenommen. Nach fünf Minuten klopften sie erneut und verlangten die SIM-Karte. Zwei Tage später wurde dem Schwächeren das Handy wieder verkauft, das war gang und gäbe. Hätten sie sich beschwert, wären sie durch die Hölle gegangen. Es war ein Leichtes zu sagen: »Hier hast du ein bisschen Tabak, gib dem mal eine Backpfeife.« Der Backpfeifengeber war nicht selten ein LLer, lebenslänglich. Ob der nun dem Schwächeren die Backpfeife gab oder nicht, das spielte bei seinem Strafmaß keine Rolle, und das wusste der andere auch. Wenn man zu keiner Gruppe gehörte oder keinen zu seinem Schutz bezahlte, war man Freiwild. Die armen

Schweine mussten sich Wohlwollen gegen Tabak oder Kaffee erkaufen oder Drogen einschmuggeln lassen. Etliche Leute haben solche miesen Geschäfte auf Kosten der Schwachen gemacht.

Wer im Knast drauf war, gab seine Bestellung beim Dealer auf. Je nachdem, was gerade im Umlauf war, dauerte es ein paar Minuten oder mehrere Stunden. Schmuggler schoben sich beim Ausgang fünf Überraschungseier in den Arsch, man glaubt nicht, was hinten alles reinpasst. Ladekabel fürs Telefon, Handys. Bei einigen Drogensüchtigen durchsuchte die Polizei mit Hunden die Zellen, es wurde mal ein bisschen Gras gefunden, nichts Großes. Kein Dealer versteckte seine Ware in der eigenen Zelle. Das Versteck war vielleicht ein hohler Besen im Gemeinschaftsraum, oder ein Küchenwagen wurde etwas bearbeitet. Wenn sie Drogen fanden, konnten die Bullen diese selten jemandem zuordnen.

Verweigerer und renitente Brüder gab es immer, viele Knackis waren psychisch angeschlagen, schluckten Tabletten, waren durch den Wind. Wenn einer nachts pausenlos am Fenster brüllte, behielten wir das aber für uns. Für jeden einzelnen Vollzugsplan waren Gespräche mit Psychologen Pflicht. Diese Treffen waren für mich eine willkommene Abwechslung.

KALLE • Das Schäbigste: Nach dem Urteil wurde ich sofort nach Cottbus verlegt. Joschi nach Brandenburg. Olli konnte sich kurzfristig wehren, wegen der Klaustrophobie musste er erst ein paar Tage später nach Luckau – da trudelten wir früher oder später dann aber alle ein. Das bedeutete: neuer Knast, unten anfangen, weite Wege für alle Besucher. In unseren Augen reine Schikane.

Olli hat im Knast studiert, ich hatte dafür den Kopf nicht frei. Er hatte darum viele Monate gekämpft, es ist ja nicht so, dass die Knastbürokratie »Hurra!« schreit, wenn ein Knacki meint, studieren zu müssen. Du musst Himmel und Hölle in Bewegung setzen, damit dir der Blödmann im Knast deine Akte rausrückt. Der Richter genehmigt es, und der Knastsheriff sagt nein. Da kannst du dich im Eiertanz üben.

Ich wollte für mich sein, ich habe die ganze Bücherei durchgelesen. Der Knast hinterlässt bei jedem psychische Defekte, wer nach vielen Jahren rauskommt, hat bestimmte Verhaltensweisen angenommen, die man in Freiheit erst wieder abtrainieren muss. Misstrauen gegen jeden zum Beispiel. Der Mensch verliert seine Unbekümmertheit und verbittert.

Echte Freundschaft findet man im Knast selten. Es bilden sich eher temporäre Zweckbeziehungen. Wie der Mensch wirklich tickt, stellt man erst draußen fest. Ich würde nie irgendeinem Knacki etwas Wichtiges erzählen, und ich würde auch nie einen Knacki zu mir nach Hause holen. Olli ist da ein bisschen anders gestrickt.

Unsere Geschichte wird überdauern, ich kann sie nicht aus meinem Kopf löschen. Es war oft abenteuerlich, auch wenn uns das Happy End verwehrt blieb. Wir waren junge Fohlen, unbedarft und frei. Das vermisse ich schon. Das Unbedarfte. Das Unbekümmerte. Das ist auf der Strecke geblieben. Die Tragödie tragen alle mit sich rum.

OLAF KAMRATH • Von den »Bestien von Buckow« las ich in ihrer Gerichtsakte, das waren zwei Kumpels, die mit zwei Männern und einer Frau eines Tages gemeinsam soffen und Drogen einschmissen. Eine der späteren Bestien war bis zum Kopf mit Knastmotiven tätowiert und zeigte der Welt ganz offen, was von ihm zu erwarten war. Diese zwei Typen suchten sich das hilfloseste Glied ihrer Sauf- und Drogengruppe aus und brachen diesem, von Suff und Drogen halb betäubten, armen Wesen zuerst den Arm. Aus einer spontanen Laune heraus. Dann waren sie der Meinung, dass auch das Bein dran glauben musste. Also hielt einer das Opfer fest, und der andere ließ es knacken. Dann sagten sie sich, nun stechen wir ihm mit dem Messer ins Bein – und stachen ihm mit dem Messer ins Bein. Sie malträtierten ihn weiter abwechselnd mit dem Messer, er muss furchtbar geblutet haben. Das abgestumpft zusehende Mädel wischte das Blut auf, griff aber nicht ein. Der andere Anwesende meinte, das ginge so nicht, man müsse aufhören, man könne den Kerl doch nicht einfach töten. Doch! Doch! Man könne und müsse ihn töten. Sie wickelten das Opfer in einen Teppich, warfen ihn in den Kofferraum, packten einen Spaten und einen Kanister Benzin dazu und fuhren in den Wald, die Frau ließen sie in der Wohnung zurück. Der Mann lebte noch, sie hörten während der Fahrt sein Röcheln. Der hinten sitzende, mit so etwas wie einem Restgewissen zaghaft Protestierende spürte, wie der in den Teppich gewickelte Mensch mit seinen Beinen gegen die Lehne der Rückbank drückte. Das Restgewissen rief: »Mann, das können wir doch nicht machen.«

Die zwei Bestien: »Doch!«

Als sie im Wald ankamen, protestierte der Zögerliche weiter und drohte, die Polizei zu rufen. Daraufhin zog ihm einer der zwei den Spaten mehrfach über den Schädel. Als er sich nicht mehr rührte, warfen sie ihn auf den in den Teppich gewickelten Verstümmelten. Dann kippten sie das Benzin über die Leiber und verbrannten die noch lebenden, hoffentlich aber bereits besinnungslosen Menschen.

Das waren allesamt Leute um die dreißig, die sich vom Saufen und Drogennehmen kannten. Einer der Mörder kam nach der Urteilsverkündigung sehr blass zurück in die U-Haft und begann sofort zu heulen. »Ich habe lebenslänglich mit besonderer Schwere der Schuld gekriegt«, schrie er und jaulte.

Ich war baff. Einerseits wand sich vor mir ein Mensch im Schmerz, andererseits kannte ich seine unfassbare Tat aus seiner Akte. Wer verdiente die Höchststrafe, wenn nicht er? Die Geschichte verfolgt mich bis heute.

Oder aus einer anderen Akte: Zwei Typen hielten beim Trampen ein Auto an und erstachen den Fahrer. Sie haben ihn einfach so getötet, der eine hielt ihn fest, der andere stach zu. Reue zeigte keiner der beiden. Einer sagte fast nie etwas, der andere starb an einem Herzinfarkt nach erhöhtem Drogenkonsum. Bis im Knast ein Krankenwagen kam, konnte es dauern. Man hatte kaum eine Chance. Hätte dieser Mörder eine Chance verdient gehabt?

In unserem Hochsicherheitstrakt, wo es ab fünf Jahren Strafe losging, hatten wohl nicht wenige eine solche Tat verübt, wenn sie nicht gerade wegen Drogenhandel oder schwerem Betrug verknackt worden waren. Natürlich wollte ich wissen, mit wem ich einsaß. Ich wollte nicht mit den falschen Leuten rumhängen. Aber nach der Lektüre dieser beiden Gerichtsakten las ich keine weitere mehr.

Mörder saßen auf einer extra Piste, der Mörderpiste. Wenn es dort zu voll war, landete mitunter einer bei uns auf der Drogenpiste. Mörder sahen oft nicht aus, wie man sich einen Mörder vorstellt. Zwei Meter groß, riesige Pranken und Narben im Gesicht, raubärtig und beängstigend. Nein, das waren oft kleine Typen, manchmal verwachsene, unheimlich hässliche Leute, die eher wie Betrüger schienen. Die schweren Körperverletzer hingegen waren derbe Charaktere, typische Hooliganszene, Glatzköpfe, die brutal aussahen und brutal waren. Oft auch brutal dumm.

Auch Vergewaltiger und Kinderficker saßen auf einer extra Piste. Ihre Piste wirkte immer dunkel, verhangen, als ob die Geister der Gequälten über ihnen schwebten. Sie trauten sich selten zur Freistunde raus, sie blieben unter sich in ihrer Kopfkinohölle der misshandelten Frauen und Kinder.

Welche Strafe war eine gerechte Strafe? Die für den Kinderschänder? Die für den Anlageberater, der reihenweise Rentnern ihre Ersparnisse abgezockt hatte? Die für den Drogenhändler? Wer war zu Recht hier?

Drogenhandel ist nichts Schönes. Ich dachte beispielsweise an den Banker, dem das Koks den Kopf leer pustete. Ich verkaufte dem Banker das Koks, er machte sich einen schönen Abend und hat Nutten durchgevögelt. In dem Fall würde wahrscheinlich jeder sagen, ist nicht so schlimm. Wenn ich aber ein Kind süchtig machte, das sich in der Folge prostituiert und verwahrlost, bin ich dann noch der gute Dealer? Oder die Mutter prostituiert sich und ihr Mann wird ihr Zuhälter, schlägt sie, weil beide auf Koks sind. War ich dann nicht genau der gleiche Verbrecher wie der Kinderficker oder der Rentnerbetrüger? Was unterschied mich von ihnen? Solche Fragen stellte ich mir, allein in meiner Zelle, und hatte oft keine Argumente mehr. Das Strafgesetzbuch definiert die Strafen. Der Mensch darf sich nicht bewertend einmischen, aber wer ist das schlimmste Schwein? Du machst dich gemein mit dem Pöbel, wenn du annimmst, Schuld und Sühne

bewerten zu können. Bin ich im Knast dafür da, den Kinderficker noch mal zu bestrafen? Was wäre, würde das einer mit
mir machen? Weil er ein Kind an die Drogen verloren hat?
Wenn ich einen verurteilten Täter für sein Verbrechen ver-
achte, bin ich nicht besser als die Leute auf der Straße, die für
mich 25 Jahre oder gleich die Todesstrafe forderten. Wenn
der Täter aber der eigene Sohn wäre, würden sie vielleicht sagen: »Na ja, gut, das hat er jetzt ein Mal gemacht. Alles ein
Missgeschick.«

Mit den anderen Leuten im Knast konnte ich darüber nicht
reden. Aber alle hatten Zeit nachzudenken.

ECKI • Die Zeit im Knast kann ich leider nicht weiter-
empfehlen. Trotzdem: In der DDR war ich bei der NVA, da
gab es nicht so viele Rechte, eigentlich fast gar keine. NVA in
der DDR war bedeutend schlimmer als Gefängnis in der
BRD. Wenn man im Leben stand, ein vernünftiger Kerl mit
Rückgrat war, dann kam man durch die Haft. Wenn man
draußen und drinnen ein Eierkopf war und nichts auf die
Reihe kriegte, ging es in die Hose.

Haft ist verschenkte Zeit. Anfangs kriegte ich elf Jahre,
dann bin ich in Revision gegangen und hatte Glück. Das ist
selten in Deutschland. Ich hab die Revision gewonnen, mit
einem unscheinbaren, jungen Anwalt, aber der hat das Ding
gewuppt – von elf auf sechseinhalb. Abgesessen habe ich
vier Jahre und drei Monate, davon ein Jahr und sieben Monate im geschlossenen Vollzug in Luckau. Danach bin ich in
den offenen Vollzug nach Wulkow gekommen. Offener
Vollzug bedeutete: Einschluss von 21 bis 6 Uhr in einem ab-
geschlossenen Gebäude mit Zäunen drum rum. Sonnabend-
früh durfte ich raus und musste Sonntagabend wieder drin

sein. Ich schloss meine Zelle und alle Türen selbst zu, es war wie in einer Jugendherberge.

Das Schärfste war: Nach zehn Monaten in Untersuchungshaft wurde ich plötzlich blitzentlassen. War anderthalb Jahre draußen und bin zu Fuß zur Gerichtsverhandlung spaziert. Der Richter fragte, warum ich nach Neuruppin gezogen sei. Ich sagte: »Kurze Wege, kurze Wege.« Hat er gelacht. Später meinte die Staatsanwaltschaft, die Blitzentlassung sei falsch gewesen, ich sei sehr gefährlich.

Der Richter: »Ach, der ist doch harmlos, der tut doch niemandem was.« Dann hat er mich streng angeguckt: »Herr Ebert, Sie sind doch ordentlich, oder? Wenn ich Sie rauslasse, bleiben Sie dann anständig?«

»Selbstverständlich.«

»Na, sehen Sie«, plauderte er, »habe ich doch gesagt.«

Meine Gefängniszeit war ein einziges Hin und Her. Nach ein paar Wochen wieder rein, bei Franky auf die Zelle. Er hatte heimlich Wein angesetzt. »Den Scheiß saufe ich nicht«, sagte ich und soff sofort die ganze Ladung Wein aus. Ich war blau und die Gremlins meldeten sich. Hab aus dem Fenster rausgeschrien: »Hilfe, ich will nach Hause. Gremlins, kommt und helft mir.«

Fünf Wochen später kommt ein Bediensteter in meine Zelle: »Herr Ebert?«

»Der bin ich nach wie vor. Was ist denn?«

»Ich glaube, Sie werden wieder mal entlassen.«

Ich sagte: »Glaubst du das oder weißt du das?«

»Ja, jetzt weiß ich selbst nicht mehr, was ich weiß. Ich geh noch mal vor zum Fragen.« Kommt zurück: »Tatsächlich, Sie werden entlassen.«

Ich sagte: »Ist das euer Ernst? Rein, raus, rein, raus, ich

werde langsam rammdösig.« Ich bin zum Telefon gegangen und hab meine Frau angerufen.

»Was ist denn jetzt schon wieder?!«

»Ich werde wieder mal entlassen.«

»Hör auf zu spinnen!«

Ich wieder raus, weiter zur Verhandlung spaziert und verurteilt. Der Richter meinte, ich bekomme Post, wenn ich ins Gefängnis müsse. Dann solle ich mich bitte dort einfinden, um meine elf Jahre abzusitzen, das war noch vor der Revision. Zwei Monate später kriegte ich Post: 24. noch was, melden in Luckau-Duben. Ich hingefahren mit meiner Frau, mein Sohn mit dabei, und klingelte an der Knastpforte.

»Was ist denn?«

»Ich komme auf eure Annonce. Hier hast du was zum Lesen.«

Guckt er nur.

»Selbststeller.«

Guckt er noch mal. »Günther, komm mal her, das glaubst du nicht, jetzt kommt die XY-Bande schon mit Familie hier an. Ich dachte, die sind so gefährlich?«

Ich rein in den Knast, und ab dem Moment war ich wieder gefährlich. »Wie geht's weiter?«, fragte ich. »Ich würde gern wieder in den offenen Vollzug.«

»Nein, um Gottes willen, Sie sind doch hochgefährlich.«

»Mhh, in Neuruppin war ich die letzten Monate ungefährlich, warum soll ich jetzt gefährlich sein? Meine Frau hat mich hergefahren. Ich hätte auch ins schöne Polen flüchten können.«

Wenigstens die Insassen und Bediensteten in Luckau freuten sich über meine Ankunft. Sie hätten einiges verpasst, wenn ich nicht erschienen wäre. Ich war wieder staatlich attestiert gefährlich und musste ein Jahr und sieben Monate sitzen, bis ich wegen kompletter Ungefährlichkeit in den offenen Vollzug nach Wulkow kam. Am nächsten Tag kriegte ich mit, es war der schlimmste Flur im ganzen Knast. Dort saßen die richtigen Psychopathen. Die Bullen hatten keinen Bock, mit all den Bekloppten Schicht zu schieben. Dahin wurde ich verlegt. War mir nicht ganz wohl, als ich die Brocken zum ersten Mal betrachten durfte. Die sahen ein bisschen schlimmer aus als ich. Nach ein paar Tagen erklärte ich dem dicksten Brocken: »Ich will gut durch den Knast kommen. Ich will weder irgendein Chef sein noch euch meinen Popo zur Verfügung stellen. Ich will meine Frau wiedersehen. Ich bin ein Familientyp und hab keinen Bock auf Scheiß.« Das fanden die ehrlich. Und mit dem dicksten Brocken, der ein bisschen was zu sagen hatte, mit dem habe ich mich angefreundet. »Mensch, Ecki, du bist ein gerader Typ, das, was du sagst, hat Hand und Fuß.« Ab dem Tag hieß ich bei denen »Wilde Maus«. Nicht, weil ich pausenlos durchdrehte, nee. Weil ich das Leben als guten Witz betrachtete.

Die Freundschaft zu den XY-Jungs bereue ich nicht. Keine Sekunde. Keinen Zentimeter. Echte Freunde findest du nur ein Mal im Leben. Wenn ich die Hufe hochreiße, habe ich wenigstens gute Freunde gehabt.

OLAF KAMRATH • Man kann sich nicht vorstellen, wie trist, stumpfsinnig, öde und grau der Knastalltag war. Der Knast tötet jedes Gefühl, wenn man nicht aufpasst.

Nach dreieinhalb Jahren konnte Conny erstmals einen Langzeitsprecher beantragen. Ab da durften wir zu zweit über mehrere Stunden allein in einem Raum sein, der weniger an eine Zelle als an ein Hotelzimmer erinnerte. Doppelbett, Fernseher, Kaffeekocher, extra Badezimmer – die sogenannte Liebeszelle. Das war wie auf die Plätze, fertig, los. Ich war unheimlich geil, aber für Conny war es furchtbar kompliziert. Der Knast hatte sie von mir entfremdet, sie brauchte Zeit, das ging nicht per Knopfdruck, ich musste sie neu erobern. Sie hatte auch einen Freund. Das verdrängte ich, ich wollte in meiner Knastwelt nichts für mich schwer zu Ertragendes von draußen wissen, nur so hielt ich es aus. Hauptsache, sie kam zu Besuch, über alles andere wollte ich mir keine Gedanken machen. Ich übte keinen Druck auf sie aus, fragte mich in einsamen Momenten aber schon, woher ich die Kraft nehmen sollte. Ich wollte unsere Beziehung nicht aufgeben. Doch je länger die Haft währte, umso mehr versuchte ich, mich darauf einzustellen, dass es vielleicht vorbei war. Wir telefonierten nicht mehr jeden Tag. Ich kämpfte zwar weiter um Conny, versuchte aber, mich geistig auf alle Eventualitäten vorzubereiten.

Der 18. August war der Tag meiner Verhaftung. Immer, wenn ein 18. nahte, bedeutete das für mich: ein Monat weniger. Die ersten 1000 Tage zählte ich mit, es war unvorstellbar, 1000 Tage in diesem scheiß Knast, jeden Tag die gleiche Suppe …

Weil ich im Monat nur zwei Stunden Besuch empfangen durfte, war es für die Familie schwierig, besonders für meine Söhne. Nach fünf Jahren wurde ich in einem anderen Bereich untergebracht, Außenstelle Spremberg, und hatte zum ersten Mal sechs Stunden Ausgang. Ich wurde von einer Sozialarbeiterin begleitet, Conny und Felix kamen hinzu, und wir fuhren zu einer Straußenfarm. Ich hätte alles mitgemacht, Hauptsache wieder in Freiheit mit den beiden. Endlich mit Felix Fußball spielen. Im Monat darauf wieder sechs Stunden, den übernächsten wieder sechs Stunden, dann dreimal zwölf Stunden und danach endlich eine Nacht Urlaub – ein Traum. Als Freigänger wurde ich langsam wieder Mensch.

Bei der ersten Übernachtung in Neuruppin bei Conny fühlte ich das absolute Glück und war bemüht, unser Verhältnis zu normalisieren und unsere Liebe neu aufzubauen. Dann wurde es kompliziert. Plötzlich bekam ich die Ansage, ich dürfe meine Ausgänge nicht mehr in Neuruppin verbringen, ich sei in der Stadt gesehen worden. Irgendwer ganz oben fühlte sich wohl durch meine Anwesenheit belästigt. Ich ging damit über die Zeitung an die Öffentlichkeit, Conny und meine Eltern beschwerten sich beim Petitionsausschuss des Bundestages, und eines schönen Tages durfte ich wieder nach Neuruppin.

CONNY • Die ersten zwei Jahre litt ich sehr unter Ollis Abwesenheit, ich hockte im kalten Wasser. Irgendwann gab es dann diese Phase, wo ich wütend auf ihn war, wegen dem, was er uns mit seiner Tat angetan hatte. Ich habe sofort mit Arbeiten angefangen und mich nach einem halben Jahr selbstständig gemacht. Dann hatte ich ausreichend Geld, weil ich hart arbeitete.

Ich hatte draußen einen Bekannten, ein lieber Kerl, er half mir, die schlimme Zeit zu überstehen. Ich hatte ihn gern, er hat sich rührend um Felix gekümmert, mit ihm Hausaufgaben erledigt. Wir sind nach Berlin gefahren, ins Technikmuseum oder in den Zoo. Wir waren aber kein Paar.

Ich besuchte Olli sehr lange regelmäßig, sieben Jahre am Stück bin ich alle vier Wochen in den Knast. Auch als ich mich innerlich von ihm entfernt hatte, fuhr ich ihn weiter besuchen. Ich schenkte ihm reinen Wein ein, dass ich versuchte, ein anderes Leben zu führen, ohne ihn. Das wollte er nicht. Und es hat ihn fertiggemacht. Ich war im Knast seine ganze Hoffnung für die Zukunft. Auf mir und Felix baute er sein zukünftiges Leben auf, das gab ihm Kraft. Eine enorme Verantwortung lastete auf mir.

Es gab im Knast einen netten Pfarrer, der rief mich eines Tages an: »Conny, überlegen Sie sich das noch mal, er kommt doch schon in ein, zwei Jahren zu Besuch nach Hause, die Zeit vergeht schnell.« Olli zog alle Karten, sogar den Pfarrer schickte er in die Spur. Und er rief regelmäßig an, fast täglich, manchmal sogar zweimal. Irgendwann fanden die Sprecher in der Zelle für Paare statt, sah aus wie ein nicht so schickes Hotelzimmer. Dort genossen wir so etwas wie Intimität. Auch wenn ich zu der Zeit nicht bereit für ihn war, ich hatte eigentlich mit ihm abgeschlossen, obwohl ich ihn noch liebte.

GERLINDE • Der Prozess war fürchterlich, ich konnte das nicht ertragen. Ich war nie dabei, las aber die Berichte in der Zeitung. Aus dem Gefängnis schrieb Olli uns viele Briefe, dass es ihm sehr leidtue, was er uns antut, dass er alles wiedergutmachen will. Er litt darunter, dass wir litten.

Die Leute auf der Straße fragten immer wieder: »Wie geht es Olli?« Ich spürte, sie kannten auch seine guten Seiten. Seine Drogensucht versteckte er vor uns, wir nahmen das nicht wahr, obwohl er oft hibbelig gewesen ist. Richtig schlimme Finger waren er und seine Freunde nicht. Ich fragte ihn immer wieder: »Junge, du hattest eine Diskothek, die Spielcasinos, die Immobilien. Hat das nicht gereicht?« Wahrscheinlich war er etwas größenwahnsinnig.

Mir war sehr wichtig, ihn regelmäßig im Gefängnis zu

besuchen. Die Besuche verliefen locker, natürlich flossen Tränen. Einmal im Monat fuhr ich mit dem Auto hin, mit meinem Mann oder mit Conny und ihrem Sohn. Dass Conny so lange zu ihm gehalten hat, beweist, was die Liebe kann. Conny ist eine tolle Frau.

CONNY • Ollis Antrieb, mit Drogen zu handeln, war die Gier nach immer mehr Geld. Er war nicht neidisch auf das Geld anderer, er wollte einfach selbst richtig verdienen, er wollte sein unternehmerisches Potenzial ausreizen. Wenn er heute mit Immobilien handelt, sucht er auch nach dem größten Kick. Er will immer der Beste sein. Er ist nicht der Typ Sohn oder Typ Erbe, er ist ein Macher. Wenn er eine Möglichkeit zum Investieren sieht, beginnt die Zählmaschine in seinem Hirn zu rattern.

Die Bande, das waren für mich normale Leute. Für Olli gehörten sie zur Familie. In Frankys Bar war ich fast täglich, um kurz Hallo zu sagen, vielleicht mal am Wochenende etwas länger, bis Felix geboren wurde. Die Besucher der Kneipe waren Freunde und Bekannte, es kam selten jemand rein, der fremd in Neuruppin war. Es war keine Gangsterhöhle, sondern eine normale Kneipe. Ich sah dort nie jemanden dealen.

Die Drogennummer lief über die Jahre gut, das viele Geld wurde leicht verdient, und alle Beteiligten fühlten sich sehr sicher. Er wurde betriebsblind, hat nicht mehr darüber nachgedacht. Im Knast erzählte er mir, wie sehr er diese neun Jahre bereute, die er nicht mit Felix verbringen konnte.

FRANKY • Das allererste Mal kokste ich 2010 in Tegel im Strafvollzug. Ich hatte mir zu Silvester ein Gramm besorgt. Wenn ich schon fürs Dealen einsaß, wollte ich wenigstens endlich wissen, was das Koks bei mir bewirkte. Am Silvesterabend chillte ich stilvoll in meiner Zelle. Ich hatte was zu trinken aufgetrieben und vom Fliesenleger eine Spiegelfliese. Kurz vor null Uhr drehte ich mir mein erstes Ziehröhrchen. Anschließend streute ich das Zeug auf die Spiegelfliese, beugte mich mit dem Röhrchen in der Nase darüber und sah mich im Spiegel. Ich musste lachen und pustete das Koks quer über den Tisch. Ich kratzte das Zeug wieder zusammen, ich hatte es ungewollt mit Zigarettenasche gestreckt, weil der Aschenbecher beim Prusten neben mir stand. Ich zog, dann wartete und wartete ich. Plötzlich war es sechs Uhr, Aufschluss. Ich hatte die ganze Nacht ferngesehen – das war mein Kokserlebnis. Ich war süchtig nach Leben, nach Whisky, Partys und Weibern, aber Koks schaffte es nicht in mein Leben.

OLAF KAMRATH • Ich wollte immer zurück nach Neuruppin, weggehen kam für mich nicht infrage. Neuruppin war mein Leben. Im Knast hatte ich jeden Tag Schuldgefühle, weil ich Conny, meine Kinder, meine Familie und viele andere Leute mit reingerissen hatte. Ich sah meine Söhne nicht aufwachsen, den älteren musste ich jahrelang am Telefon belügen. Ich fügte Menschen Schaden zu, die mit meinen Taten nie etwas zu tun hatten.

Geduld zu haben, das lernte ich im Knast. Und mit extremen Rückschlägen klarzukommen. Ich saß oft im Bett und heulte, aber das alles hat mich letztlich stärker und belastbarer gemacht. Besser als tot zu sein, denn irgendwann kommst du raus und hast deine zweite Chance. Dieser Gedanke hielt mich am Leben. Du bist nicht im Krankenhaus, du bist nicht im Altersheim, du bist nicht tot. Du kommst wieder. Du hast alle Möglichkeiten. Also bereite dich vor, bis es so weit ist. Geh raus aus der Zelle, mach was. Ich lernte Tischlern und baute mir allerhand Kram für später.

Im offenen Vollzug ab 2009 führte ich mit Conny wieder so etwas Ähnliches wie eine Beziehung. An den Wochenenden wohnte ich bei ihr, und wir verbrachten einen gemeinsamen Urlaub. Langsam normalisierte sich mein Leben. Knapp ein Drittel meiner Strafe wurde mir wegen guter Führung zur Bewährung ausgesetzt. 2013 wurde ich nach neun Jahren entlassen.

CONNY • Olli ist hartnäckig geblieben und hat sich seinen Traum nicht nehmen lassen. Nicht von mir, nicht von den Umständen. Trotzdem dauerte es nach seiner Entlassung viele Monate, bis wir wieder ein Liebespaar wurden. Anfangs war er wie ein Fremdkörper, schließlich hatte ich fast ein Jahrzehnt mit meinem Kind allein gewohnt. Ich war inzwischen eine selbstständige Frau, die einigermaßen wusste, was sie wollte. Und auf einmal kommt da jemand und will seinen Koffer abstellen. Das war zu viel für mich. Wir mussten uns aufs Neue aneinander gewöhnen, und irgendwann hat es dann wieder gefunkt.

ENTLASSUNG

OLAF KAMRATH • Ich spazierte mit meinem Kumpel Erwin im Grunewald, als ich telefonisch erfuhr, ich könne meine Sachen packen, es sei vorbei. 1000 Glocken läuteten, Gänsehaut und intensive Glücksgefühle. Ich fuhr zurück in den Knast, unterschrieb alle möglichen Formulare und verschenkte meine ganze Knasthabe. Meine Eltern waren mit unserem Sohn auf Ibiza, Conny und ich buchten den nächsten Flieger und überraschten die drei am Strand. Ich konnte mein Glück kaum fassen.

Sokrates hat mal gesagt, wenn du stirbst und hast zwei Freunde, bist du als reicher Mann gestorben. Ich strukturierte meinen Freundeskreis neu, einige waren geblieben, viele gehörten der Vergangenheit an. Ich bekam im Knast oft Grüße von einfachen Leuten ausgerichtet, die vietnamesische Community hat mir über meinen Vater sogar mal einen Pullover geschenkt. Das sind Dinge, die ich nicht vergessen werde. Andere, mit denen ich draußen viel zu tun hatte, die von mir finanziell profitierten, meldeten sich nie bei mir im Knast. Als ich sie anrief, ließen sie sich verleugnen oder nahmen erst gar nicht den Hörer ab. Sie hatten sich von mir abgewandt und wollten nichts mehr von mir wissen.

Ich traf im Knast ein paar wertvolle Menschen. Es waren nicht viele, aber von diesen Menschen habe ich etwas mitgenommen, sie haben mich ein bisschen geprägt und weiterge-bracht. Ich habe noch heute Kontakt zu ihnen, auch wenn wir uns nicht oft sehen. Einer lebt zufrieden auf den Philip-pinen, einer wohnt im Wald, ganz einsam und glücklich, im Einklang mit der Natur. Klingt kitschig, ist aber trotz-dem so. Ein anderer hat sich verleiten lassen, drehte ein Riesending mit Gras und fuhr wieder für viele Jahre ein. Die Mehrzahl der Menschen, die im Knast landet, packt das Leben draußen nicht. Viele werden rückfällig oder stehen in schmutzigen Ecken mit billigem Bier und Schnaps.

Die Erinnerung an mein Knastleben verblasst mit den Jahren. Manchmal sehe ich mich noch auf dem Fußballplatz sitzen und auf die Riesenmauer starren, den Kopf voll Hoff-nung. Ich bin nicht stolz auf meine Taten. Das hätte ich weglassen können. Stattdessen eine mehrjährige Pilgerreise um die Welt – mit Conny, einem Rucksack und mit leichten Latschen.

www.tropen.de

Nicole Zepter
Wer lacht noch über Zonen-Gaby?
Ein Vorschlag zur Versöhnung
192 Seiten, gebunden
ISBN 978-3-608-50506-1

Der Westen hat bei der Wende versagt, doch für Versöhnung ist es nicht zu spät

Im November 1989 setzt das Satire-Magazin Titanic die »Zonen-Gaby« aufs Cover. Es wird zur meistverkauften Ausgabe. Ein Tiefpunkt im deutsch-deutschen Verhältnis. Die Missverständnisse sind bis heute geblieben. Zeit, aufeinander zuzugehen. Nicole Zepter versucht, einen Anfang zu machen.

www.tropen.de

Max Strohe
Kochen am offenen Herzen
Lehr- und Wanderjahre
256 Seiten, broschiert
ISBN 978-3-608-50221-3

»Kulinarische Popliteratur.«

Denis Scheck

Max Strohe hat die zweifelhafte Gabe, alles vor die Wand zu fahren. Zuallererst das eigene Leben. Er kocht mit offenem Herzen, aber lebt von der Hand in den Mund. Erst mit fünfzehn begegnet er seinem Vater. An seiner Seite lernt er eine Welt kennen, in der guter Geschmack alles bedeutet. Eine Geschichte beginnt, die so unglaublich wie wahr ist.